拒绝套娃

超越原生家庭的养育

PARENTS SOUS INFLUENCE

〔法〕塞西尔·大卫-威尔◎著

王秀慧◎译

北京科学技术出版社

Cecile David-Weill. Parents sous influence

Copyright：© Odile Jacob, 2016

This Simplified Chinese edition is published by arrangement with Editions Odile Jacob, Paris, France, through Dakai Agency.

© 2021 by Beijing Science and Technology Publishing Co., Ltd.

All rights reserved.

著作权合同登记号　图字：01-2017-8978

图书在版编目（CIP）数据

拒绝套娃：超越原生家庭的养育 /（法）塞西尔·大卫–威尔著；王秀慧译 . — 北京：北京科学技术出版社，2021.11

ISBN 978-7-5714-1267-8

Ⅰ . ①拒… Ⅱ . ①塞… ②王… Ⅲ . ①家庭教育 Ⅳ . ① G78

中国版本图书馆 CIP 数据核字（2021）第 188168 号

贝壳家教

策划编辑：陈　茜	电话传真：0086-10-66135495（总编室）
责任编辑：白　林	0086-10-66113227（发行部）
营销编辑：石　瑜	网　　址：www.bkydw.cn
责任校对：贾　荣	印　　刷：三河市华骏印务包装有限公司
责任印制：吕　越	开　　本：880 mm×1230 mm　1/32
出 版 人：曾庆宇	字　　数：150 千字
出版发行：北京科学技术出版社	印　　张：7.5
社　　址：北京西直门南大街 16 号	版　　次：2021 年 11 月第 1 版
邮政编码：100035	印　　次：2021 年 11 月第 1 次印刷
ISBN 978-7-5714-1267-8	

定价：59.90 元

前　言

　　如何教养孩子？对于这个问题似乎所有人都能畅所欲言：既可以摸着良心说出自己的不足之处，也可以大言不惭谈论自己的成功之道。但是教养孩子这个问题实在太过复杂，我们往往不会深思：要么满足于用父母教育自己时所用的方法来对待自己的孩子；要么恰恰相反，希望自己教育孩子的方式能和父母教育自己的方式有所不同。有的家长很严格，有的家长很温和；有的家长很现代，有的家长很传统。在无可厚非的实用主义影响下，我们的讨论终会得出以下结论：我们应该将爱和本能相结合来养育孩子，并以此来应对那些不断出现的困境。

　　只是往往事与愿违。我们不必为此感到惊讶，我们远未拥有绝对的自由意志，因为我们都生活在他人的影响之下。其中，童年时代的影响是如此之深，以至于当我们为人父母时，自己最初的教育意图开始走样、逐渐扭曲或者与之背道而驰，我们甚至开始复制父母曾经的教育方式。如果我们在童年时代曾遭遇过这样或那样的不幸，那么这种条件反射式的复制将令我们感到厌恶。尤其当我们意识到这样的条件反射后，我们越觉得它是种本能，就越无法逃开它。于是我们只能把它赶出大脑，此外没有更好的办法了。我们最终将发现，尽管我们是出于最大的善意，付出了令人难以置信的精力在孩子的教育上，但实际上，我们为人父母后的所作所为往往一点也不高明，甚至一点也不理性，对孩子造成的影响也与我们一开始的预期完全不同。

我像许多人一样，也在这样的现实中碰了壁。我感到来自于我童年的影响破坏了我现在想做的所有教养选择。虽然养育书籍中有许多指导建议，但都从来不曾讨论过这个问题。所以，尽管感到些许遗憾，但我赞成"在孩子的教育方面没有最成功"这一普遍说法，而且我知道，明智的家长都不会吹嘘自己是一个好家长。

后来我明白，在教养孩子的时候，人们根本无法回避童年经历和直觉对自己的影响。你会说，这又不是什么新鲜事，甚至大多数人都不会质疑直觉对我们生活的方方面面所产生的影响。只是很少会有人具体地将这种影响与为人父母的能力相联系。因为用直觉来养育孩子似乎与扮演家长这个角色所必要的成熟和辨别力相去甚远，以至于这个概念多少带有些煽动的意味。因此，焦虑的家长们一般只会寻找使自己安心的方法，通常不会对用直觉来养育孩子这个话题感兴趣。然而，只需思考片刻就能理解，放任自己的直觉是极不理智的，因为这会背离我们教育的初心，更糟糕的是，它会让我们在无意中对下一代造成同样的伤害。在养育孩子的过程中我发现有这样一种可能：将自己从童年的经历中抽离出来，与糟糕的童年经历保持距离。要让自己成为一个好家长，就必须这么做。

本书的宗旨就在于此：传递我从自身经历、阅读、搜集到的案例中吸取来的经验；传递我在与心理治疗师的交流中收获的思考——他们同意向我提供他们在工作中接触到的具体案例，涉及各个年龄段的孩子与家长；传递心理治疗师对于"什么样的教育是有效的，什么样的教育是无效的"的看法。

我曾犹豫要不要写作这本书。作为一名小说家，我没有接受过对自己的思考进行全面论证的基本训练——这需要我通过详尽而精确的研究追溯我所有思想的来源。我也没有接受过基础的理论训练，通过对各种学说、研究或思想流派的研究，来重现各种理论对我形成这些思想的重大影响。

但是，我之所以有资格写作这本书，是因为我差点就与为人父母所能享受到的乐趣和养育子女所要承担的义务擦肩而过了。在相当长的一段时间里，我都不是一个好母亲，我很清楚一个不合格的母亲会对孩子造成的影响，我感到不安，以及随之而来的罪恶感。我不得不开始采取行动，纠正我之前的错误，转变自己的态度，让我的孩子能够成为他们自己，也就是成为"即使他们不是我的孩子，我也依然很想认识的人"。

15 年以来，我在反思中悟出的道理已经彻底改变了我与孩子们的关系，我觉得我应该以最简单的方式——通过我身边的父母和孩子们遇到的具体情况，通过心理治疗师向我详述的具体案例，以及通过能反映现实问题的虚构作品——来揭示道理，将我的领悟传递给更多人，写出一本能让人由衷发出"如果在我最开始养育孩子的时候就读到了这本书该多好"的书。

总而言之，这是一本综合性的、经验型的养育手册，我想将它献给所有正处于上一代影响之下的父母，包括过去的我和现在偶尔仍然处于上一代影响之下的我。我知道，只要我们还没有意识到自己的童年经历对我们为人父母后所持态度的影响，只要我们还未习惯于站在孩子的立场上来质疑自己，我们都是处于上一代影响之下的父母。我希望这本书能让懂得这一点的父母有所反思，有所改变。我希望当他们在不知所措的时候能够借助这本书分享的经验来给予孩子最好的教育。毕竟，言传身教，我们身为家长的一言一行，都是孩子学习的榜样。

目 录

第一部分
父母与孩子之间隐藏的交流

第一章 父母的言行塑造孩子

第二章 父母再现其童年

第二部分
打破复制的恶性循环

第三部分
成功教育孩子的方法

第六章　向孩子证明我们很重视他

第七章　给孩子立规矩

第八章　与孩子建立联结

第九章　放弃成为超人

第四部分
实用指南

测试：你是什么样的家长？

成见剖析

父母要做什么

父母不要做什么

后记

第一部分

父母与孩子之间
隐藏的交流

第一章
父母的言行塑造孩子

孩子可以是上天赐予的福祉，也可以是上天带来的祸患，全看教育使他们变成了谁。

—— 英国儿童文学家玛丽亚·埃奇沃思《两个家庭》（1814 年）

孩子永远是被他人塑造而成的。

—— 古罗马剧作家泰伦提乌斯《两兄弟》（公元前 2 世纪）

我们扮演的家长这一角色能引发各种各样的讨论。但是，这些讨论更多的是针对养育过程中出现的实际问题，却很少提及家长如何与孩子以亲密的方式体验生活，或家长如何与孩子进行交流，因为人们缺乏分析这些问题所需的参考系。

当然，我们都知道，孩子需要与他的母亲、亲人或充当家长的监护人建立起情感联结[1]。这种对爱的需求是一种真实而彻底的需求，在临床表现上也同样如此。

尽管如此，却很少有家长明白这意味着什么。要知道，孩子在很大程度上是由他所得到的关注造就的。只有当孩子与他人产生联结并进行情感交流时，他才能产生自我意识，才能表达自己的情感，才能在与周围人的同化或对立中塑造自我。如果联结与情感交流的数量或质量有所欠缺，孩子就会自我封闭。在这种情况下，孩子成年后会变得害羞、自我封闭、敏感，甚至出现精神问题。而且这还不是全部，现在我们还知道，亲子联结的优劣会促进或降低孩子的学习能力，影响孩子今后的身体健康。

---

[1] 这本书面向所有的教育者，无论您是孩子的亲生父母还是养父母，无论您是独自抚养孩子还是与您的伴侣共同抚养孩子。文中只提到了母亲，用以指代孩子的抚养者、教育者，因为母亲是最常见的情感形象。

孩子能够感知一切

婴儿经常被比作海绵，因为他能感知周遭的情感氛围，特别是从感知母亲的情绪状态开始，进而感知一切。

这种能力类似于心灵感应，它对孩子的生存来说是不可或缺的，因为这种能力可以让孩子更好地适应他所依赖的人（同时从真正意义上来说，也是手握他生死权力的人）。有关这种天赋的例子不计其数。

例如这个 18 个月大的孩子，当他和母亲在一起的时候，他每天要睡 18 个小时，比同龄孩子的平均睡眠时间要长。但当他和父亲在一起时，睡眠时间就缩短了，与同龄孩子的平均睡眠时间一致。后来，父亲对孩子的古怪行为做出了解释：他的妻子患有精神分裂症，而孩子很早就感应到了，也就是说孩子知道妈妈病了，不能跟他进行互动，为了自己的安全考虑，他绝不会去刺激妈妈。

还有克莱尔的例子。这是一位身体残疾的年轻母亲，她的宝宝 2 个月大。当父亲给宝宝换尿布时，他像别的孩子一样在尿布台上乱动。而当克莱尔给宝宝换尿布时，宝宝的表现令人震惊：他一动不动，因为他知道不能给妈妈添乱。

最后还有拉尼亚的例子，她家的狗狗去世了。拉尼亚觉得最好向她 7 岁和 5 岁大的两个孩子隐瞒狗狗去世的消息。几天后，在她送孩子们上学的途中，她惊讶地发现孩子们竟然在悄悄讨论这件事。她不得不竖起耳朵听他们窃窃私语：孩子们一直以为妈妈还不知道狗狗去世的事，因此他们十分小声地说话，以免妈妈听到了会难过。当他们开车经过屠宰场时，孩子们猜测狗狗的尸体也许就在这个离他们家不远的屠宰场里。

从上述例子中，我们可以得出什么结论呢？不要妄想对孩子隐瞒一切。我们总以为我们可以对孩子隐瞒事实，这样能够保护孩子。但事实上，我们最好尽可能简单地告诉孩子我们那些显而易见的情感和问题，这样才能让孩子明白"妈妈有时候会难过"或"爸爸和妈妈在互相生对方的气"并不是因为他在其中犯了什么过错。当孩子亲耳听到父母确认自己的所知所感时，就能够安心，能够专注于其他事情——那些与他直接相关的事情。

而如果父母试图隐瞒，孩子会对他所觉察到的不对劲产生内疚感。因为在孩子的眼中，父母依赖他的程度完全等同于他依赖父母的程度。既然父母要对孩子所有的不适负责，孩子觉得他也应该对父母的所有不适负责。所以他总是会问："是因为我做错了吗？"这种"是我的错"的感受本能地扎根在孩子的心里，以至于成年以后也难以甩掉这种负罪感。我们不也一直认为自己要对父母的幸福负责吗？

然而，孩子不仅仅会认为自己应该对父母的不适负有责任，为了解释父母为什么要隐瞒真实感受、对自己发出的疑问撒谎或沉默，他甚至会自己编造父母的苦衷。

比如下面这个有趣的例子：一位怀有 2 个月身孕的年轻妈妈不想那么早告诉她 4 岁的大女儿卡罗琳她将要有一个弟弟了，其实这位母亲多虑了，因为卡罗琳对家里的保姆说："我有一个秘密要告诉你，我妈妈的肚子里有一个宝宝，但她自己还不知道。"卡罗琳根本不需要妈妈向她宣布她早就知道的消息，但是她无法解释为什么妈妈对她只字未提。于是她想出了在她看来唯一合理的原因，那就是妈妈还不知道自己已经怀孕了。

还有另外一种情况，当孩子自己感受到的不适与他被告知的信息不吻合时，孩子就会感到苦恼：他不得不将自己的感受放到一边，接受父母告诉他的信息；或者通过压抑自己的感受来阻止痛苦的蔓延。这样一来，孩子不仅与自己的感受割裂了，同时还失去了判断自己心理健康的能力——一个至关重要的晴雨表——而这种缺失往往会伴随他的一生。

在意大利导演路易吉·科门奇尼的电影《爱的世界》中，父亲认为妻子的去世可能会对小儿子造成比对大儿子更深的负面影响，因此他让年满 10 岁的大儿子安德烈不要将此事告诉他 6 岁的弟弟米洛。

为了履行对父亲的承诺，安德烈不能流露出悲伤，只得把失去母亲的痛苦闷在心里，每天假装心情愉快地玩耍，保护弟弟不受伤害。但是，不能说出真相的痛苦以及母亲去世带来的绝望使他对父亲的感情越来越淡漠，因为在他看来，偏心的父亲把所有的温情都转移到了米洛身上而疏远了他。

而米洛早已明白母亲不会回来了，他独占着父亲的关爱，甚至为了阻挠安德烈与父亲和解而故意让自己病倒。

直到安德烈不幸摔断脊柱即将失去生命，父亲才恍然大悟，对大儿子敞开心扉。在生命的最后一刻，安德烈在母亲的肖像下，终于听到心碎的父亲对他说："你是任何一个父亲都渴望拥有的儿子。"

孩子能够模仿一切——见其子而知其父

我们的孩子会模仿我们的一切行为。这并不奇怪，因为孩子就是通过模仿来学习的，这种学习是经常的、重复的。反过来，一个孩子的行为尤其能暴露他父母的行为。

比如这个上幼儿园的小男孩在午睡时总是用布盖住头，园长担心孩子会把自己闷死，让他别再这么做了。直到后来园长才明白，原来孩子的母亲在家就是这么哄他睡觉的，难怪孩子不能理解园长为什么要批评他的这种行为。

此外，这个小男孩还会咬他的幼儿园同学，他的母亲感到十分困扰。直到后来她才意识到自己在拥抱儿子的时候也经常会轻轻地咬他。所以说，小男孩只是在试图复制这种表达感情的动作，不过还不知道应该控制轻重。

还有这个名叫科莱特的 3 岁小女孩，每当父亲询问她某件事的时候，她都会严厉地批评他：“你应该说‘请，科莱特’。”她的父亲认为女儿的态度很是无礼。其实这是因为当她想要某样东西时，周围人总要求她说这句话，所以她也一字不差地复述。

因此，当孩子的态度出现问题时，我们首先要检查我们自己的行为，因为十有八九，孩子的行为源于我们的行为，而不是因为他怀有恶意或本性如此。一些家长会反驳说，他们某个孩子的行为与他的兄弟姐妹完全不同，这就不能把责任归咎到家长身上了吧，毕竟所有孩子得到的教育都是一样的。事实上，尽管父母确实想要以同样的教育观念来养育每一个子女，但事实上他们根本无法做到用完全相同的方式养育所有的孩子。因为每一个孩子出生时，父母都处于不同的精神状态，每个孩子都会在父母身上引起特殊的情感。父母传递给每个孩子的信号都是独一无二，只属于这个孩子的，这就解释了为什么一个家庭中的兄弟姐妹总是对同一件事情的反应不尽相同。

孩子服从一切

孩子天生就是顺从的。但这一点可能很难被认同，因为孩子总会被贴上"不听话"和"叛逆"的标签，父母只能忍受或抱怨孩子。

然而，孩子之所以会积极配合父母，原因在于他觉得父母的情绪就是命令。因此，如果孩子表现出了令人不安的行为，父母最好审视一下自己的恐惧和无意识的欲望，因为很有可能孩子只是在回应你的情绪。这种情况经常反映在孩子的睡眠上，孩子的身体没有任何问题，却经常出现睡眠障碍。

雅德抱怨她9个月大的女儿佐伊每晚会吵醒她三次，一开始她很反感，想不通为什么女儿会乐此不疲地折磨她。经过反思后，雅德意识到，自己总是为突发性婴儿死亡综合征感到恐慌，她需要在晚上听到佐伊的哭声以确认宝宝还活着。因此她的虚假要求，她唯一有意识的要求——佐伊能睡整夜，也能让自己好好睡上一觉，被她无意识中真正的要求，即佐伊向她证明自己还活着所取代。因此，佐伊只能通过吵醒她来服从她的要求。

热拉尔迪娜也遇到了同样的情况，她两岁半的女儿利亚自出生以来每晚都哭个不停。原来，热拉尔迪娜的丈夫在利亚出生之前曾心脏病突发，从那时起，热拉尔迪娜就非常害怕自己的丈夫有一天会死。因此，利亚用哭声迫使妈妈在晚上多次醒来，以检查她的丈夫是否还活着。

再举一个娜塔莎的例子，她每天晚上也会被5岁大的儿子塞德里克吵醒。当被问及晚上醒来有没有什么好处时，娜塔莎才意识到，由于自己白天都在工作，她只能在晚上保姆走了之后证明自己是个好母亲。所以当塞德里克被噩梦吓醒时，娜塔莎就会安抚儿子好让他继续睡觉。尽管身体已非常疲惫，娜塔莎还是回应着儿子的需求。就是在这个过程中，她产生了一种连自己都没有意识到的快乐和宽慰，因为这意味着塞德里克即使在晚上都还需要她，她对儿子来说是有用的。所以，为了顺从母亲，塞德里克选择用叫醒她的方式来让娜塔莎确信自己具备身为一个母亲所需要的品质。

最后是吕克的故事。吕克每天晚上都会尖声大叫，当初母亲玛丽娜为了取悦丈夫蒂埃里，才同意怀的吕克，毕竟蒂埃里为了让妻子同意怀第三个孩子，可谓百般纠缠。但是，蒂埃里越为吕克的出生感到非常高兴，玛丽娜就越不能习惯和接受这样的生活巨变，她的生活才刚刚因为头两个孩子的长大而勉强轻松下来。玛丽娜对蒂埃里感到有些不满，丈夫一整天都在工作，留她独自一人在家，她当初原本是为了让丈夫高兴才同意做出牺牲，现在蒂埃里却不想受到任何影响。因此，吕克要间接帮玛丽娜惩罚蒂埃里，他的哭声吵醒了妈妈的同时也吵醒了爸爸。

孩子会把源自父母的一切都当作最高指示，并千方百计寻找一切迹象，比如父母清楚说过的话，以及他们最不起眼的动作：微笑、往后退了一步或因为紧张产生的抽搐。但孩子无法把握父母说话时的细微差别，或是父母的弦外之音。所以，当父母惊呼"你会跌倒的！"时，传递给孩子的效果与命令孩子"倒下！"的效果是相同的，因为孩子能感知到的不是每个词的含义，而是父母的情绪。因此，孩子会将父母的消极情绪，如恐惧，理解为一个要他失败的命令，而将父母的积极情绪理解成一个要他成功的命令。

也许在这一点上，我们与孩子并没有太大的不同。试想一下，你将一个你十分感兴趣的计划透露给了一个亲近的人，你会不会因为这个人听完后持保留态度或热情高涨而受其影响呢？他可能会让你犹豫，让你放弃；或者相反，他会鼓励你甚至帮助你实现计划。

而这种影响要乘以一百倍，才能接近父母的反应对孩子所产生的影响。因为在孩子眼中，父母是无所不能的巨人，他们有地位、有权力，这使他们在给孩子留下深刻印象的同时又让孩子害怕，以至于当孩子成年之后都会留下烙印，有时甚至需要心理医生的介入才能把父母对他的影响降到正常水平。

因此，虽然父母觉得自己对孩子说"我怕你学习不好"是出于好意，但不幸的是，这样只会害了孩子。很多时候父母的恐惧根本无法证明他们的关心，反而会毁掉孩子成功的机会，推着孩子走向失败。

50 岁的银行家雷诺讲述了一个发生在他身边的故事。雷诺的儿子利奥成绩优异，在巴黎一所最好的高中读理科毕业班，他和班上成绩第一的杰弗里是最好的朋友。学期末的某一天，雷诺和杰弗里的父亲聊起了他们的孩子未来学业的光明前景，雷诺没想到杰弗里的父亲会惊呼道："这一切的前提是杰弗里要通过大学的录取分数线！"这让雷诺陷入了极大的困惑。原来，杰弗里的父亲对自己在学生时代没能考上巴黎综合工科学校一直耿耿于怀，他甚至觉得自己是如此的可怜，以至于他需要感到自己比儿子更优秀才能心里好受些。杰弗里的父亲内心不愿接受儿子比自己做得更好并且超越自己这个事实，因此无意识中会希望儿子在考试中考砸。几个月后，雷诺得知这位父亲的计划顺利"得逞"。尽管杰弗里拿到了高中毕业文凭，但他在所有名校的入学考试中都失利了。从成绩上看，这个结局不合逻辑，但不可否认，它符合孩子的心理逻辑，即任何年龄段的孩子都会顺从父母。

还有一个相反的例子，摩纳哥王妃格蕾丝·凯利的父亲约翰·凯利是一名赛艇爱好者，但他被禁止参加英国亨利皇家赛艇会，因为组织者不想有来自工人阶级的参赛者。后来约翰·凯利成了百万富翁，并教会了儿子小约翰·凯利赛艇，希望他能参加著名的英国亨利皇家赛艇会。小约翰·凯利后来成功加入了皇家赛艇会，并在赛艇大赛中先后两次赢得冠军。

父母可以做什么

那么父母该怎么办？承认我们的情绪会影响孩子的成长已经是很大的进步了，但我们却仍然无法控制自己的消极思想，那么承认又有什么用呢？

父母必须表达自己的情绪。首先是因为孩子无论如何都能感知到我们的情绪，包括那些我们以为最好要向孩子隐藏起来的情绪。其次，试图掩盖情绪会使自己陷入紧张的状态，而无法在与孩子相处时感受到快乐。因此，父母必须给自己制定一些规则。

第一条规则就是要努力减少自己的焦虑和不安。家长通常会认为焦虑是一种关爱孩子的表现，因为这是他们育儿经验中不可缺少的部分，有时焦虑可以有效地向孩子证明父母很在意他，但是家长必须提防这种焦虑对孩子造成的伤害，所以请有所克制地表达焦虑。

第二条规则就是，父母应该对孩子采取积极的态度，注重说一些鼓励孩子的话，比如"我知道你能行"。这十分有效，在日常生活中就有许多例子可以佐证，比如我们经常会被具有诱惑力的营销文案所吸引，或者我们总会尝试用这样的话语激励谈话对象："您这么能干，我相信您会解决我的问题的"，而不会这样说："我想根本就没有必要拜托您来解决我的问题"。父母巨大的影响力会使这种方法在孩子身上更有成效，孩子从中获得的力量将使他能够更好地战胜困难。

最后，父母保护孩子远离消极的批评也同样重要，即使给予批评的人觉得自己是无心冒犯。此外，父母不要开关于孩子外形或性格的玩笑，也不要给孩子起荒诞或贬损的绰号，比如"我的小胖墩""我的胖娃娃"等。尽管这些玩笑表面上亲切，实际都是包藏着各种诋毁的攻击，将在孩子心上留下伤痕。

家人对孩子的预言和评价也同样如此。比如家里有人喜欢说孩子"长得像路易叔叔"，如果这位叔叔是诺贝尔奖得主，那这句话的确可能会对孩子产生积极的影响；若路易叔叔乃嗜赌成性之徒，那么这句话就会对孩子产生负面影响。草率地贴标签和下定义也是一样，比如"她憨得像只猪""他又宅脾气又不好"，或者"所有叫妮可的人都很泼辣"，这些都是对孩子的先入为主的偏见，否认了孩子的个性，往往会对孩子产生有害甚至不幸的影响。这也解释了为什么有时候孩子患上家族性疾病往往是家人一手造成的。

例如 5 岁的奥利维尔在某一个夏天得了感冒，奥利维尔家中好几个成员都患有哮喘，最严重的就是他外祖父。外祖父一听到孙子咳嗽就断言："奥利维尔有哮喘！"幸好父亲反驳外祖父道："哪有的事！"否则奥利维尔真的有可能会得哮喘，因为孩子非常容易被暗示的力量所影响。

有时，人们会通过家族遗传病来解释孩子的行为。

克里斯汀是一位 20 岁的年轻女性，她从对家人的观察中得出了一个结论：为了避免被人怀疑自己患了精神疾病，她最好不要在家里开玩笑。因为她的母亲患有躁郁症，家人发现她母亲在狂躁的初期阶段经常说俏皮话。家人的这种解读对于克里斯汀是非常危险的，因为幽默在其他任何家庭都会被视为优点，在克里斯汀家里却被视为让人不安的因素。对于克里斯汀来说，这种特殊的解读会增加她患上这种疾病的风险。

为了对孩子采取积极的态度，父母必须更加重视自己作为教育者所需扮演的角色。父母应该明白的是：家长的职责并非弥补孩子的失误或防止孩子因失败而吃苦。恰恰相反，父母的职责是要从陪伴孩子的过程中享受到充分的乐趣，这样才能耐心地教育孩子。同时将自己的价值观传递给他，并让孩子的性格和品质得到自由的发展和展现，直到他有能力离开父母的庇护。

第二章
父母再现其童年

每个人都有他天然的处所，不论是自尊还是价值都无法决定他的高度，起决定作用的是童年。

—— 让－保罗·萨特《词语》(1964 年)

童年的烙印

正如我们所看到的，父母的影响与父母对子女施加的绝对权力呈正相关。虽然从青少年时期开始，父母对孩子的影响逐渐减小，但童年的烙印在孩子即使变成大人远离了父母之后，也不足以将自己从影响中解放出来。这就是为什么当我们成年以后，童年经历还在继续影响着我们，支配我们在生活中各个领域如何做出选择。

我们之所以会对某些人、某处风景、某幢房子和某种气味着迷，是因为我们有意无意地从中找到了童年的痕迹。因此，我们后来的许多行为都似曾相识，我们许多看似出于本能的反应实际上就来自于我们童年的经历。换句话说，童年始终萦绕在我们脑海中，以至于我们根本没有意识到自己在重新构建童年的场景。这个观点现在已经被广泛传播，人们并不需要成为心理学家也能发现这一点，尤其是女性杂志经常会将童年的创伤与成年人的爱情行为联系在一起。现实中也不乏这样的事例：有些女性由于缺少父爱，往往容易爱上年长的男性；那些抵挡不住唐璜诱惑的女人们，就是从唐璜身上看到了自己见异思迁的父亲；有着专制独裁的母亲的男性，往往都会被强势的女性所吸引；或者母亲对儿子的占有欲太强，导致儿子无法对生命中的其他女性全情投入。所有这些难道都只是巧合么？

罗曼·加里曾写道："如果我的母亲有情人，我的生命就不会沦落到在每个喷泉旁边活活渴死。"罗曼·加里生命中的女人没有一个能像他母亲那样给予他无条件的爱，他的母亲已经把他捧上了天。

在《黎明的应许》一书中，交织着对母亲的感激、怨恨还有思念，罗曼·加里这样描述了他们的母子关系。

童年的经历不仅仅会影响我们的情感生活，它还会对生活中的各个方面施加作用，并通过各种方式再次上演。因此，如果某人有一个独裁的父亲，那么在他成年之后很有可能会试图再现这种关系。这种再现可能只会出现在他生活中的某一个部分，例如他在家里任由自己被另一半支配，而在工作中却完全正常。也有可能出现在他生活中的多个部分，导致他在好几个方面重建这种关系，比如同时选择专制的老板、有控制欲的配偶以及强势的朋友。

但是，当这个人为人父母的时候，最可能的情况是他又变成一位独裁的家长。甚至当我们在从事与童年世界无关的成年人的活动时，我们都很难与自己的童年保持距离。而当我们成为父母时，则更加难以摆脱童年的影响，因为我们通过经历孩子的童年又重新接触到了自己的童年。孩子的童年是一面反映我们自身童年经历的镜子。当我们的童年再次被激活，将不可避免地干扰我们扮演父母的角色。

这的确令人不安。事实上，我们越是简单地认为童年仅仅只对自己有影响，当童年经历真实地表现在我们为人父母的行为上时，就越觉得它可怕。因为它真切地影响着我们的孩子，用与孩子无关的父母过往的情绪纠缠着他。

童年的影响：影响之下的父母

简而言之，我们在育儿过程中扮演的角色并不比我们在爱情中扮演的角色更加高明。我们根据自己的童年经历来选择爱人，而不是根据我们身为成年人所意识到的需要。在育儿中我们的行为是在模仿父母当年的行为，而没能成功地使自己的行为遵循我们最初的教育理念，这就解释了为什么我们的行为往往是不明智甚至是不理性的。为此而指责自己并没有什么用。我们成为父母后遇到困难，我们在感情上做出失败的选择，并不是因为我们倒霉，或因为我们缺乏毅力或判断错误，而是由一种指使我们重新演绎童年的心理所导致的。事实上，我们都活在童年的影响之下，我们都受到了父母当初对我们所持态度的影响。

这种倾向成了"本能"的主要构成部分，本能是我们的过去所遗留下来的无意识的习惯性动作。因此，如果说我们的无意识行为最值得怀疑，那并不是因为我们缺少直觉。正相反，它与我们一闪而过的直觉相统一：它使我们从一千个人中选出了那个唯一不忠诚的人作为伴侣，或使我们对孩子采取了当年父母对我们所采取的最糟糕的态度。所以如果说我们应该从中吸取什么教训的话，那就是：务必警惕自己的本能。

然而，大多数不确定该对孩子采取什么态度的父母在养育过程中依靠的反而是自己的第一反应，他们相信自己出色的本能。当他们跟随本能时，就越感到与自我和谐统一，他们也就越不会怀疑自己在育儿方面的判断力和分析能力。

在这些父母看来，因为本能会引导他们重复自己父母的行为，所以这种本能就是合理的。本能在他们很小的时候就刻在了他们的无意识中，成为显而易见的事实，他们很容易因此而误以为本能即合理。这些父母不反思自己为人父母的表现的唯一原因，在于他们缺乏自我反思与做出改变所必需的参考系，因为他们的参考系——自己的父母——曾经也是像他们那样做的。

但好消息是，我们还是有可能成为我们所希望自己成为的那种家长，远离我们童年的糟粕。这就是本书的全部目的。这本书写给所有满怀希望和雄心的家长：他们已经感觉到自己有重复上一辈行为的倾向，他们最大的担心就是会以上一辈伤害自己的方式来伤害自己的孩子。要知道的是，不断在头脑中反思上一辈对自己的行为的影响是有必要的，这样才能在日常生活中对抗并挫败它，而不会像大部分人通常会做的那样，因为不知道如何对抗这种复制行为而试图掩盖它。

那么如何发现这种驱使我们复制上一辈行为的动机呢？我们

必须意识到，它是我们在面对孩子时产生的大部分反应的源头，因此我们必须时刻追踪它。要知道，我们用上一辈对自己的态度来对待自己的孩子的原因在于，它在我们身上引发的反应看上去是适时的、必要的或不可避免的。而经过理性审视后，我们会发现这种反应是多余的、有问题的，甚至是不合理的。

比如安妮，她以钙对孩子的成长非常重要为由，要求她 15 岁的女儿在每天放学回家后喝一杯牛奶。尽管有时安妮想和女儿谈论更重要的事，但她觉得眼下最迫切的事是让女儿喝完牛奶，她甚至会为此责骂女儿。安妮确信自己是一个讲道理、有理性、负责任、关心女儿健康的好家长，直到某天她开始反思自己在价值观以及真正重大问题上的态度。她意识到自己对女儿喝牛奶一事其实并不在意。她之前的做法是把时间浪费在了次要问题上，而不是用于她应该去处理的重要问题上。安妮恍然大悟，她逼迫女儿喝牛奶的行为只是在复制自己父母曾经的行为，因为他们过去也是这么对待她的。

这种复制父母行为的倾向经常表现在生活琐事上，比如孩子应该几点睡觉，孩子应该如何整理房间，或者孩子应该吃什么。

有些父母让孩子在晚上 8 点整睡觉，并且将此定为生活中雷打不动的规定。父母这么做很可能并不需要进行过多的思考，而是通过判定这个规定是合理的以及对孩子有益来为自己的坚持辩护。但只需反问自己，为什么睡觉的具体时间这种细枝末节的事情在我教育孩子的过程中会是一个很纠结的问题，以及为什么我在这个问题上就不能变通（例如根据实际情况或根据孩子真正需要的睡眠时间来调整作息），就能意识到，这个规定与关心孩子的成长无关，而与我们的父母当年规定我们睡觉的时间有关。

这一倾向决定了我们作为家长的成与败。

伊夫的故事就是典型。伊夫的父亲非常富有，所以伊夫从来都不需要自己努力谋生。但在享受了多年的极为优越的物质条件之后，伊夫最终还是吃了经济不独立的亏。当伊夫发现自己的儿子失业后，他做出了与自己父亲当年同样的反应——给孩子很多钱，为孩子提供丰裕的物质条件。这种反应就像一道无法违抗的指令，迫使伊夫明知自己的行为会剥夺儿子找工作的积极性和在工作中收获成就感，却依然如此行事。

同时，这一倾向也是造成我们紧张、愤怒，甚至使用语言暴力和行为暴力的根源。

伊莎贝尔正在开车，坐在后排的孩子们开始乱喊乱叫，伊莎贝尔生气地呵斥道："如果你们再继续吵闹，我就要揍你们了！"但她发现这句话没有起任何作用，孩子们既不怕她威胁也不怕被打，继续大吵大闹。随后，她意识到了，在她之前给孩子们传递的价值观中，在不打扰到他人的情况下大喊大叫并不算什么负面行为，孩子们并没有觉得自己做错了什么，只是有些吵闹而已。

因此，伊莎贝尔的愤怒显得既莫名其妙又小题大做。所以她忍住了怒吼，为了使自己冷静下来，她停下了车。她发现，似乎每当发生类似的情况时，她就会做出同样的反应。她回想起了自己小时候父亲对在车后座吵闹的她和她哥哥的态度。伊莎贝尔感到有些不舒服，因为她清楚地记得每次父亲为这件事生气的时候她所感受到的困惑与不公平，所以她更不明白为什么她要对自己的孩子重复这一使她在童年时期备感痛苦的行为。

然而，无意识地复制上一辈的行为与疲惫不堪时面对吵闹的孩子产生的想把孩子扔出窗外的不可扼制的冲动并不相同，我们有必要将这二者区分开来。因为后者是一种因爱而生的恨意，是父母对照顾孩子所要承受的重担、担负的巨大责任和对没有孩子之前无忧无虑日子的终结的反抗。

因此，父母的恨意常常在无助的时候流露出来，例如当我们发现自己没办法止住孩子的泪水时，我们就会产生恨意。无助感催生的暴力使我们感到恐慌，也使我们感到内疚。幸运的是，社会普遍承认和接受父母这种暴力冲动。将暴力用言语表达出来能削弱暴力的强度，并阻止我们真正付诸行动。然而，与这种冲动不同的是我们从上一辈身上复制而来的反应，这些反应由于我们刻意掩盖或为其正名而变得不易觉察，当童年时代的某个具体场景再现时，它们就会一触即发，原因何在？

习惯的反弹

该问题的第一个答案是习惯：没有任何人能够彻底摆脱自己小时候所模仿的行为。然而，这种模仿被证明是积极有效的，正是由于这种模仿，文明——某一环境所特有的不同元素——才得以代代相传。这些元素不仅仅只是法国南部吃橄榄油蒜泥酱、阿尔萨斯吃腌白菜这类简单的生活习惯，它还涉及我们的传统习俗和我们文化的方方面面，并且告诉我们，我们是谁。

某天，45 岁的杰罗姆意识到，从他开始工作以来，每三到四年他就会换一家公司或去往另一个国家工作，但这并不是因为事业所迫。当时他以为只是巧合，因为工作的变动并不是他刻意寻求的，他只是觉得每过三年就会感到厌倦，而工作的变动只是对这一厌倦的正常反应。而当他回想起童年时，才发现他从孩提时代以来就每三年搬一次家，因为他的父亲是名军人，他的家随着父亲驻地的变化而变化。

在家长的眼中，传承至关重要。生育的本质就是将自己的基因传递下去，并尽可能地在孩子身上呈现更优化的自己。因此在教养孩子的过程中，父母都会尽力传承自己的一切。这就解释了为什么来自不同文化背景的父母双方很难在不产生任何冲突的情况下给孩子传递各自的文化。例如，关于如何照看孩子，父母中的一方十分推崇幼儿园（十有八九这位家长自己就上过幼儿园），而另一方恰恰相反，他认为小孩必须尽可能少地离开父母（可能他的父母当初就是这样照顾他的）。因此，最理想的状态是父母双方应该至少有 60％的想法是一致的，30％的想法能够达成妥协，10％的想法仍不可调和。

我们需要了解童年

需要传承文化是一回事，父母无意中复制上一辈的行为从而给孩子造成痛苦又是另一回事了。这种行为更难被承认和理解，因为那些能够刺激到我们的东西既微妙又复杂，首先我们需要了解自己小时候的经历。

事实上，在我们的印象中，曾经发生过的事情似乎是翻篇了，但是一些童年往事根本不需要真的具备杀伤力，就能继续折磨我们。因为当一个孩子不理解在他身上所发生的事情时，当孩子被不明白和无法掌控的情感所纠缠时，他体会到的更多是事态的严重性，而不是自己当下的困惑。孩子无法解决困惑，这使得他除了压抑自己的情绪之外别无选择。然而，哪里有压迫哪里就会有反抗。受到压制的情绪似乎已经消失了，却会以这样或那样的形式重新浮出水面。

由奥逊·威尔斯导演的电影《公民凯恩》通过倒叙手法，讲述了一位不可一世的亿万富翁凯恩的一生。凯恩最后孤独地死在了他尚未竣工的宫殿中，临终前，他念念有词"玫瑰花蕾"。一位调查凯恩临终遗言真实含义的记者揭开了查尔斯·福斯特·凯恩的一生。

凯恩本是一个幸福的小孩，却突然被母亲委托给一位银行家做他的监护人，而凯恩母亲继承的巨额财产也由银行家负责打理。凯恩的童年由于母亲的抛弃而彻底终止了。

这位毫无过渡就从童年直接进入"成人商业世界"的巨富，后来成了报业帝国的建造者，与美国总统竞选擦肩而过。

凯恩先后失去了与之离婚的第一任妻子，失去了因飞机失事身亡的儿子，接着又失去了同样要求跟他离婚的第二任妻子。每次失去都勾起他童年被母亲抛弃的回忆，可以说，这段记忆跟随了他的一生。

记者在凯恩的私人物品中发现了一个小雪橇。当年他被监护人从母亲身边带走时，正在玩雪橇，雪橇上印着"玫瑰花蕾"四个字，小凯恩就是用这个雪橇来推开和攻击把他从母亲身边带走的监护人。

尽管凯恩日后拥有了亿万家财，但他从来不曾和这个玩具分开过，这是他逝去童年的记忆。

当我们不再以孩子的身份，而是以家长的身份再次经历与童年时期相似的场景时，童年时期经历过的情感往往就会再次浮现。尤其当我们童年时期悬而未决的困惑被激活后，这些情感就开始像悬案一般折磨着我们：我们的童年到底发生了什么？因此，正如警方还原犯罪现场以解开谜团一样，我们有必要重现童年的场景。当这些场景被激活时，我们就可以通过自己的判断力和我们作为成年人的感受重新对其进行评估。

因此，一个小时候挨过父母打的成年人很可能也会觉得以这种方式教训自己的孩子非常有必要。他要以此确认自己在童年时代确实被父母打过，而不是在做梦。尽管这种虐待是那么明显，他仍然会不禁怀疑自己是否真的曾是家暴受害者。事实上，由于他的童年感受往往与父母的话语所表达的情况相互矛盾，所以虐待在他看来显得更加模糊且难以断定。通常情况下，暴力的父母往往会告诉孩子是因为爱他，是为了他好或是因为他犯了错才打他，有的家长甚至对自己的暴力行为从不解释，好像他们从来就没有施暴过，但这样会使孩子更为困惑，父母因此给孩子带来的痛苦可能会折磨孩子的一生。但同样是打孩子，如果有的家长勇于承认自己的过错，或有些更好的家长向孩子道歉，他们就能给孩子一个很好的机会来治愈父母强行给他造成的创伤。

事实上，孩子常常认为父母总是对的，所以当他自己感受到的事实与父母的描述不符时，他就会认为自己是错的。除此以外还能怎么办呢？孩子是如此依赖他的父母，以至于不得不选择相信他们，就像是海难中的逃生者被迫对同样不幸的唯一同伴做出妥协，以求在荒岛上生存。因此，面对施暴的父母，孩子模糊了自己的认知，认为父母打自己是对的，父母才是有理的一方。而成年后的他想要回到过去弄清事实也就并不奇怪了。

这就是在曼努埃尔身上发生的事情。曼努埃尔意识到他总是对自己的小儿子横加指责，但在与他的大女儿相处时却从未有过同样的问题。不同于早些年间大女儿的出生，在曼努埃尔看来，儿子的出生揭开了他的旧伤疤。在曼努埃尔 5 岁的时候，他的母亲因父亲与一名女子有染而自杀。在母亲的葬礼当天，曼努埃尔被父亲要求称呼这名插足的女子为"妈妈"，曼努埃尔拒绝了，从此他的父亲总是责难他，说曼努埃尔真恶毒。

尽管曼努埃尔觉得自己很悲伤、很不幸，但他还是个脆弱的孩子。他并不质疑他父亲所说的话，而且他太惧怕父亲了，以至于他不敢想象这一切可能是父亲的过错。虽然他没有像很多孩子因父母的一句残酷的话而不幸一语成谶，变成一个坏人，但从那以后，曼努埃尔深信自己是个冷酷又残暴的人。

所以，他的心理医生要做的工作就是清楚地告诉曼努埃尔：不是他的错，而是他父亲的所作所为对他造成了巨大的伤害。因为当曼努埃尔能够承认这一点时，他就能真正明白自己不是恶人。

其实，对于一个成年人来说，对父母提出质疑同样很困难，特别是当他童年时期的感受或他的记忆中没有任何证据能表明父母是有错的时候。因此，尽管成年后的曼努埃尔再回想父亲的所作所为时，觉得他似乎已不太可信，但是在承认父亲当年的过错以及小时候自己对父亲的判断力不足之前，曼努埃尔还是犹豫了很久。对此，他的心理治疗师用以下例子做了进一步解释。

大家都知道埃菲尔铁塔建在巴黎，如果一个朋友告诉你铁塔在里昂，你会断定他在说瞎话。你允许自己有这种反应，是因为你是一个成年人，你可以决定要不要相信对方说的话，你也可以请别人验证他的话。但是，如果你是一个孩子，是你的母亲告诉你，埃菲尔铁塔建在里昂，那情况会截然相反。虽然你知道铁塔在巴黎，并且你认为自己是对的，但是在那一刻你很可能会选择相信你的母亲，而不会怀疑她说的话。以至于你需要在以后的生活中明白无误地听到"埃菲尔铁塔在巴黎"，才能正式反驳你的母亲，并验证你当时的感受是正确的。

认同父母的心理需求

促使我们为父母辩护的另一个原因就是爱。我们爱父母，我们也期待从父母那里得到爱，很少会有人因为长大就不再抱有儿时对父母的那种爱。即便成年以后，我们仍然继续爱着父母，想要被父母爱，甚至依旧害怕父母。正因如此，我们不会指出父母的错误，不使父母难堪。如果问起来原因，答案很可能是纠错并没有任何意义，或者这么做只会造成不必要的麻烦，这一点我将在下一章中详述。

然而，这种态度会给我们带来灾难性的后果。由于我们经常拒绝承认父母的缺点，以避免对父母做出评判或与他们发生冲突，就像乘客为了避免引发骂战，硬要说服自己：那位技术拙劣的司机的驾驶没有问题。这等于以"我的父亲打我是有理的"或"这真的没那么糟"来为父母的行为辩护，这样做导致我们更强烈地想要抑制童年创伤，却反而加剧了我们的痛苦。由于我们没有重视这种痛苦，我们不断和自己的孩子一起将痛苦的场景重演。因为认同父母的最好办法便是复制他们的行为。

正因为如此，惠特尼·休斯顿的女儿芭比·克里斯蒂娜·布朗才会步母亲的后尘，被发现因吸毒过量死在浴缸里。三年前惠特尼·休斯顿也因吸毒过量溺亡在浴缸里，女儿重演了母亲的悲剧。

这种复制模式自远古以来就已存在。在希腊神话中，盖亚和乌拉诺斯的儿子克洛诺斯应母亲的请求，阉割了自己暴虐的父亲，自己取而代之登上王位。

乌拉诺斯诅咒克洛诺斯也会被自己的孩子弑父夺位，因此克洛诺斯把自己所有的孩子全部吃掉，他的妻子瑞亚用骗术帮助儿子宙斯逃过一劫，后来宙斯击败父亲克洛诺斯，预言果然应验。

因此，拒绝对父母做出评判很可能会导致我们将来的行为也与他们如出一辙。我们打孩子，就像我们当初自己被父母打一样，或者我们会选择一个暴力的配偶来负责打孩子。如果一位女性的父亲有暴力倾向（她的父亲小时候可能也被打过），她往往也会选择一个从小挨过揍的，暴力的男人做丈夫。

这会把我们锁在一个复制的恶性循环中，并延续好几代人。

正如丹尼尔·卡林和托尼·莱恩在纪录片《法国爱情》中展示的那样，一个女人以她所爱的男人和她不属于同一个世界为借口，而选择嫁给了自己不爱的男人，这种复制行为延续了四代人。

复制的恶性循环

正如我们观察到的那样，一个成年人往往意识不到自己在童年时期经历过的痛苦，更何况当时他还不被允许感知痛苦。因此，在成年之后，人们必须特别留意自己那些无缘无故的反复行为，因为这些行为很有可能就是童年留下的痕迹，很有可能反映了童年时就曾经困扰我们的情景。

杰拉尔丁总会被那些已有家室的或对她无动于衷的男人所吸引。她这种执念显然暴露了某种问题，但杰拉尔丁认为自己的童年并没什么与众不同。但当进一步回忆童年的细节后，她想起自己的父亲一直也都很冷漠，似乎对她的存在视而不见。杰拉尔丁认为这个细节没什么大不了，但事实恰恰相反，这一细节是导致杰拉尔丁感觉自己不被关注，进而觉得自己微不足道的决定性因素。因此，她成年以后通过重演同样的情景继续体验着童年给她带来的影响——选择像父亲一样冷漠的情人，寄希望于他们最终可以关注她。

但是，只要痛苦没有得到承认和表达，它就会继续发作，因此承认这种痛苦便尤为重要。尤其当我们发现自己重复着某种痛苦的模式时，这种模式已经将我们包围在了一个对我们没有任何好处的恶性循环之中，它不允许我们以任何方式与过去和解，更不用说摆脱过去的阴影或从中痊愈了。事实上，找一个与我们的父母很像的人一起重新上演童年的场景，结果很可能还是和过去一样不幸。

杰拉尔丁在寻找伴侣过程中一直深受童年时代父亲的影响，她意识到再这样下去，她绝不可能遇到能帮她走出童年阴影，细心而温柔的伴侣。她的心理医生建议她不要把父亲想象成一个冷漠的人，而是一个盲人。杰拉尔丁不要请求父亲给予自己关注，而要询问他知不知道自己的 T 恤是什么颜色的。当父亲无法回答这个问题时，心理医生建议杰拉尔丁想象自己又去询问所有她可能遇见的盲人，她穿的 T 恤是什么颜色。在质疑自己的行为之前，杰拉尔丁应该从这些回答中得出她的 T 恤根本就没有颜色呢，还是应该从中明白她必须向一个看得见的人提问这个问题？

报复性的反弹

在众多的童年情绪中，痛苦并非我们在无意识中压抑并重演的唯一情绪。还有一种怨恨之情不可避免地伴随着我们的童年创伤，而且经常在我们最意想不到的时刻出现，比如当我们试图给予孩子我们过去没得到的东西时。

罗杰的情况就是如此，他在 3 个月大的时候被父母遗弃。当他的妻子怀上男孩后，罗杰去咨询了心理医生，因为他意识到自己无法摆脱"妻子肚子里的孩子有父亲，而自己却没有父亲"这个令他愤怒的想法。

虽然罗杰的行为令人难以接受，但他绝不是个例。我们在童年经历了不公平的缺失，但我们却觉得让自己的孩子体验同样的缺失或预言孩子将经历同样的缺失非常公平。

听听在商场的更衣室里一对母女令人吃惊的对话。女儿在试穿一条紧身裤，她的母亲对她说："你最好现在就穿它，因为几年后你就会变胖。"母亲预判自己的女儿将像她一样变胖，因为在潜意识里这位母亲觉得如果只有她一个人遭受肥胖的苦恼，似乎太不公平了。

我们之所以这么做，为的是减轻自己的痛苦。我们仿佛觉得通过为自己的童年复仇便可以减轻痛苦，但是，由于我们无法攻击当年真正的罪魁祸首——父母，即使是象征性地、秘密地质疑父母也做不到，所以我们便将愤怒转移到他人身上。在这种情况下，转移对象往往是孩子，我们用诸如"他没有任何理由比我拥有更多或比我做得更好"来为自己的行为辩护。

　　我首先想到能表现这一点的是埃尔韦·巴赞的《毒蛇在握》一书。8岁的让和哥哥费迪南小时候与祖母一起生活在一座破旧简陋的城堡里，在祖母的呵护下，他们幸福地长大。

　　祖母死后，他们的父母还有小弟弟马塞尔不得不从印度返回法国，这令兄弟两人十分不安。他们的母亲既傲慢又残忍，对孩子态度轻蔑，回来以后就立即对他们进行准军事化的管理，这滋生了男孩们的怨恨之情。他们向母亲公开宣战，甚至试图给母亲下毒并淹死她。

　　让觉得自己变得和母亲一样恶毒，他还给母亲起外号"疯猪"，因为她又疯癫、脾气又差。让逃到了外婆家，外婆告诉让，自己也从来不懂得如何爱自己的女儿。让因此明白了：母亲是因为小时候缺乏爱，现在才报复在自己儿子身上。让觉得尽管自己现在那么恨母亲，但他也会被母亲同化，最终变成和她一样的人。

　　换句话说，父母会将仇恨、怨气报复在他们的孩子身上。"复仇"这个词可能听起来很夸张，但复仇不仅仅是用于病理案件或用在莎士比亚悲剧的英雄人物身上。报复行为会影响每一个人，其中包括不敢挑战老板的员工靠责骂下属来达到发泄的目的，或兄弟姐妹互相攻击，因为她们不敢去责怪父母。

　　但是，把怒气撒到自己的孩子头上，痛苦并不可能得到哪怕是一丝的减轻。就像为了能让信件寄达目的地，我们必须填上正确的地址。同样地，我们必须将信息传达给造成我们痛苦的真正"罪魁祸首"，即父母，才能平息自己的怨恨。

这并不意味着我们要扯着嗓门公开、明确地宣告与父母作对，只需要自己认识到，我们曾经亲眼见过他们犯错误，就能象征性地做到这点。

如果我们小时候遭受过虐待，真正的反抗不是与父母起冲突，而是让自己的行为与他们不同。让自己成为比他们更好的家长，这才是对父母过去行为的象征性、根本性挑战。相反，通过使自己成为施暴者来报复孩子，等同于向自己的父母致敬，因为通常我们只模仿我们崇拜或认同的对象。这么做不但不能逃脱父母所施加的影响，相反地，这种影响会不断地促使我们在各个领域，特别是在教育孩子的过程中照我们父母曾经做过的那样去做。

因此，不顺从父母的做法才是彻底的、有益的，也是唯一有效的复仇办法——通过超越自己的愤怒而不是将愤怒发泄在孩子身上来摆脱自己童年的阴影。

第二部分

打破复制的
恶性循环

第三章

消除痛苦

有句谚语说道："有其父必有其子。"

另一句谚语则说："老子吝啬，儿子挥霍。"

应该相信哪一句？

——阿方斯·阿莱

只需衡量一下父母与子女沟通的重要性，就足以理解这种沟通是如何永久地塑造了我们：沟通能给予我们力量与平衡，也能使我们失控和痛苦。如果我们有幸拥有足够好的父母，那么重现我们的童年是个十分有益的过程；如果我们没那么幸运，那么重现童年就是一场灾难。打破这个恶性循环的唯一办法就是消除痛苦。

有些成年人一想到要与童年重新建立联系，或一想到要使一个孩子重新遭受自己所经历过的痛苦，便恐惧到要放弃生孩子，而不会去冒险。有这样反应的成年人并非童年时期真的遭受过非人的虐待。他们可能在年幼时缺乏父母给予的关注与爱，没能在童年时期构建自我，因此需要在成年后弥补回来；或者他们小时候不得不担负起与自己当时年龄所具有的心智成熟度不相匹配的照顾兄弟姐妹的责任，因此成年后根本不想再重复小时候的经历。很明显，以上并不是最常见的反应，因为大多数即使在童年时期遭受过粗暴对待的成年人还是"冒险"生下了孩子。他们适应了这种复制，他们不知道如何消除这种复制，如何将其发配到头脑中的偏僻角落。

与父母反着来

许多成年人抗拒这种复制，他们选择尽一切可能避免给孩子带来伤害，并决定通过与自己父母相反的行为来打破复制的恶性循环。他们往往对这一重大决定秘而不宣，却将这一决定作为日常养育孩子时的行动指南和教育原则。

他们害怕自己将来也成为与父母一样的父母，因此当遇到他们的父母做得糟糕的地方时，与父母反着来似乎是既正确又合乎逻辑的做法。因为他们相信这么做虽然不会使自己成为优秀的父母，但最起码，能够比自己的父母好。因此，这种做法使采纳它的人安心且信服便不足为奇。在这一点上，他们似乎没有什么错。

不可否认，这种做法预示着他们想做一个好家长。他们从小挨父母的揍，长大后不愿再向自己的孩子举起拳头；他们从小被父母忽视，长大后努力关心自己的孩子；或者他们的父母有人酗酒，长大后他们就节制饮酒。为此他们至少应得到赞扬。更不用说这种做法对指导他们如何养育孩子也大有裨益，因此他们可以完全放心地这么去做。

然而，我们似乎很难真的采取一种与我们所接受的教育截然相反的教育方式，因为这相当于在跟自己的无意识斗智斗勇。为了成功对抗根植于体内的陈旧的无意识行为，我们光决定与父母对着干还不够。这就解释了为什么许多家长尽管有良好的意愿，但在达成上述目标的过程中仍面临着诸多困难。

玛丽就是这样，她决心采用与她父母相反的方式来抚养自己的孩子。她的母亲只想着自己，所以玛丽努力做到只想着孩子；她的母亲冷漠、倔强且易怒，所以玛丽努力做到细心、温柔而冷静。但事情比她预想的更复杂，因为玛丽没有一个好妈妈做参考，她从一开始就不知道怎么做才真正对孩子有好处，所以她怀疑自己所有反应的合理性。而当她意识到自己竟然与母亲一样爱发脾气时，她立刻觉得自己对孩子是有害的，于是她退出了游戏，把孩子委托给保姆照顾。她盲目地信任保姆，因为她相信任何人都能比她更好地养育孩子。

直到有一天，玛丽发现保姆品行不端甚至有暴力倾向。她意识到自己相当于放任第三者对自己的孩子施加暴力和冷漠，而她的本意是试图拯救自己的孩子，使其免受暴力和冷漠的伤害。玛丽与她母亲完全一样，只不过她是假手于人。为此她决定去咨询心理医生，她领悟到，尽管她清楚地知道自己在童年时期的不幸遭遇以及她母亲对此应负的责任，她还是需要采取能够令她克服复制童年本能的措施，而这种措施正是她过去所欠缺的。

32岁的泽丽也遇到了类似的状况。她的母亲是一位异想天开、野心勃勃又自恋的女演员，泽丽小时候一直觉得自己在被母亲利用，充当母亲的陪衬。当面对公众时，母亲表现出其有趣又独特的一面，但在私下里，母亲暴力又专制。这让泽丽吃尽了苦头，所以她发誓要做一个和母亲完全不一样的人，不管是在学识上还是在情感上都要站在母亲的对立面。因此，她努力使自己成为一个温柔、开朗的母亲，她一直都做得很好，直到女儿2岁开始彰显出自己的性格时，她惊讶地发现自己竟然萌生了动手打女儿的想法。泽丽深陷童年的阴影无法自拔，暴力基因成了她不可抗拒的宿命，因而后来她很快就信了邪教。

在旁人看来，她的选择简直痛苦且不可思议，但又在意料之中。邪教借助团体生活的严苛戒律给她洗脑，在精神上控制了泽丽的思想，这种控制使她能够摆脱她想不惜一切代价逃避的心理机制——对母亲的模仿。

一条错误的路径

这是否是一种有效的教育方法还有待观察——尽管把自己过去不曾拥有的东西统统给予孩子的想法让父母显得很慷慨，但如果反抗复制的途径就是要做与自己的父母截然相反之事则显得有点愚蠢，对孩子也未必全是好处。

只需试想一下，一位小时候缺乏维生素 C 的家长每天让自己的孩子喝大量橙汁，就足以表明"为人父母就要与自己的父母反着来"这种论断究竟有多荒唐。或者还有的父母从不强迫孩子做任何事，甚至允许孩子在过马路时不牵着大人的手，理由是他们自己小时候就因独自过马路而被斥责过。更不用说一位从小被家里剥夺了学习音乐机会的母亲逼迫自己的儿子学习弹钢琴，这种情况更寻常，发生的概率也更大。

你会说：这么做难道有问题吗？让孩子学钢琴是让孩子接受更好的教育。这么做的理由可以是学习一门乐器本来就很重要，或者按时练琴可以让孩子更加自律，或者弹琴本身就是一项家族传统。但是这位小时候没能学习音乐的母亲的做法之所以有争议，是因为她尤其强调自己的童年经历对她造成了痛苦，是因为所有问题都围绕她自身，她所受到的教育以及她的遗憾，而与她的孩子或者孩子的兴趣毫不相关。对于孩子的兴趣是什么，这位母亲根本就没在意。所以，当她站在自己父母的对立面，也就是说当她强迫自己的儿子弹钢琴，而不是像自己的父母当年禁止自己弹钢琴时，她实际上在做跟她父母曾经做过的一模一样的事——无视自己孩子的意愿。

因此，与父母反着来从另一个角度证实了她正在被自己的童年经历所困扰的事实。

维多利亚2岁的儿子本杰明因为和一个小女孩争夺玩具，遭到了女孩父亲的严厉责骂，年过三十的维多利亚看到公园里发生的这一幕后失声痛哭。这件事情让维多利亚崩溃了吗？是的，她觉得自己没能在本杰明受到他人指责时捍卫孩子的权利。然而事实是，当女孩父亲开始提高嗓门时，维多利亚就把儿子带离了沙池以摆脱对方的人身攻击，同时低声驳斥了这位言辞激烈的父亲。换句话说，她有效防止了本杰明进一步受到这个坏脾气的家伙的伤害。所以从客观上来说，维多利亚的反应很正确。那为什么她还是感到内疚呢？

原来，在维多利亚小的时候，没有人为她挺身而出，所以当她意识到她实际上是在为自己童年的经历而哭泣，借为儿子出头来填补自己的缺失时，她才明白自己为何会产生内疚的情绪。也就是说，她在试图利用儿子的经历来治愈自己的童年。尽管本杰明在此次的公园冲突中并未受到伤害，但维多利亚意识到，她以这种方式"利用"儿子很可能会对儿子造成伤害，因为本杰明受到的教育应该是源于他自己的需要，而不是源于他母亲的需要。

从上述案例中可以得出什么结论呢？尽管这些真诚而慷慨的父母都渴望自己的孩子能够不再受苦，但矛盾的是，他们还在重蹈覆辙。他们与曾经对他们犯下过错的父母是那么的相似，这一点却很难被发现，因为他们无法摆脱童年对自己的影响。童年就像一枚硬币的正面与背面，对一些人来说是某种参照标准，对另一些人来说却是阴影。

然而对于某些"利用"自己孩子的大人来说，他们以自己的童年经历为自己对待孩子的方式开脱。

从小不曾得到过母爱的奥尔加要求自己的女儿阿克塞尔无条件地爱自己，以此来修复自己童年的缺失。而且，由于这个要求关乎爱，所以她这个原本有些过分的要求在旁人看来似乎就变得无害起来，人们听了甚至还备受感动。由于奥尔加所渴望的爱只能由引起她渴望的那个人，也就是她的母亲来填补，所以，要求女儿满足这一愿望等同于向女儿下达了一项不可能完成的任务，不可避免地会走向失败。奥尔加在无意识中对女儿造成了伤害，她要求阿克塞尔只能爱她、永远爱她，并且要充分表达这种爱。母亲对爱的渴求是如此强烈以至于阿克塞尔都不敢反抗母亲，因为她感到母亲非常脆弱。于是阿克塞尔就像一位无私奉献的护士一般为母亲服务，甚至放弃了一切形式的个人生活。

让－马克已经30岁了，他的父母借口已经退休搬到了儿子家，实则是想补偿他们从小被各自父母遗弃的心理创伤。他们让自己在让－马克的周围无处不在，照管儿子的一切事务，甚至与他们无关的事情也要管。当让－马克想去度假时，他的父母就会高兴地提议要陪他一起去。让－马克也无法和朋友们一起去餐厅或音乐会，除非他愿意父母和他一起去，并且和他的朋友也成为朋友。让－马克因此不能在没有父母监护的情况下做出自己的选择，安排自己的生活。这种监护表面上是热情的、友好的，但实际上是对他的不尊重和侵扰，而不是爱。

但是，在这些有毒的父母和难以放下自己痛苦经历，自认为能够给予孩子的最好教育是与自己所接受的教育完全相反的那些父母之间，还存在着一种可能。

之所以说这些父母犯了错误，是因为他们是根据自己的痛苦经历来构想孩子应受的教育，而不是出于对孩子的兴趣、需求和渴望的考虑。为了转变这种观念，他们必须想办法控制补偿自己童年缺失的自私欲望，因为这种欲望不可避免会影响到他们的孩子。唯一的解决办法就是让父母与自己的童年和解。

透析童年

正如我们所看到的那样，童年的经历在我们不自知的情况下持续地在我们身上起作用。它对于我们的养育行为的影响是如此之大，以至于它往往代替了我们的意志、控制了我们的行为。因此，认为我们已经掌控了自己的童年或者已经将童年囚禁在脑海中最偏远的角落的想法都是不真实的。想要跳出复制过去的恶性循环，唯一的方法是净化和过滤掉我们童年经历中的糟粕，只传递出其中积极的一面。

应该怎么做呢？可以通过向配偶、亲近的朋友或者心理医生诉说童年来透析童年。这些人将帮助我们说出我们永远不会在一个人的时候表达的，我们避而不谈的或遗忘或隐藏的情绪、想法和记忆，它们就像是我们脑海中的省略号，而我们的无意识心理机制就躲藏在这些空隙之中。

回忆童年，评判童年

回忆童年，就是为童年建立一份清单，列出童年经历过的好事与坏事。因此，我们不可避免要对父母做出评判。然而正如我们在第二章中所看到的，许多人从一开始就拒绝评判父母，或出于爱、出于忠诚，或出于对反抗父母的恐惧。首先，在子女眼中，父母似乎已经尽了最大的努力；其次，我们也不想责怪他们，因为我们没有自信能够做得比他们更好；最后，就算我们对父母做出了评判，依然于事无补。不过以上想法都不应该妨碍我们一一列出我们心中父母做得成功和失败的地方，这么做不是为了对抗他们，哪怕他们曾经非常可怕，而是与我们的童年保持必要的距离。

所以我们首先需要回忆的是童年中积极的部分。

这些童年中积极的部分可以是非常具体的事情，例如父亲带着我们采蘑菇来给我们传授植物学方面的知识，或者他让我们发现了文学，让我们自己动手修修补补，或教我们打网球。积极的部分也可以是一些更具普遍性的品质，比如我们的母亲在面对那些无理攻击我们的人时，不论这些人是同学还是老师，她总是站在我们这一边；或是她对食品健康的认真态度；以及我们的父母对待性行为的正确态度，既谨慎、有节制，又不对此羞于启齿。

如果我们能确保自己对父母的评价是公正且诚实的，那么当涉及童年消极的一面时，我们就可以担负得起批评他们的责任。

但这也是最为困难的，即使是对于坐在心理医生诊室里的人来说，把父母的过失说出来也很难。虽然对一些患者来说，承认他们的父母犯下的一些轻微过失并不难，但将自己遭受的所有来自于父母的不公平待遇统统都讲述出来是不得体的，这样难免会显得自己是一个爱抱怨、失礼又无耻的怪人。因为父母这些普通的过失并不是多严重的事，似乎只有新闻报道里的虐童事件才配得上严重二字，比如有些儿童多年被锁在柜子里，没有饭吃，有些孩子反复遭到强奸，或被殴打致残……

心理医生必须根除那些使患者在童年时期受苦的东西，但由于患者一般都没有经历过以上极端的生活，所以他们通常会否认"虐待"这个词，并会奇怪地反问道："我父母的态度有什么不寻常的吗？""这不是发生在所有孩子身上的吗？"，或者叫喊道"时代已经不同了"。

承认虐待

虽然真正的虐待会造成持久的痛苦，但大多数被虐待过的人连自己都不曾意识到这些痛苦。因为他们觉得肯定是自己有过错才会受到虐待，所以他们不会想到把自己童年所遭受的虐待与后来遇到的麻烦和困难联系在一起，他们把这种不顺归咎为是自己的个性有问题，而非虐待所引起的后遗症。

想象一下刚出生就被遗弃的孩子，或是出生的时候就因有先天性疾病而不被自己的母亲接受的孩子。这种极端情况很可能会触发孩子的无辜之罪的心理，也就是说，孩子会活在一种不断让自己觉得有罪的心理机制中，这一机制使他感觉自己必须永无止境地对一切负责。因此，当孩子长大上学时，如果班里有个学生因为把文具袋弄掉在地上而被老师斥责，这时坐在教室最后一排的他会对自己说"这肯定是我的错"，于是他可能会下意识地做出奇怪的动作或说出不合时宜的话来为那位被责骂的同学解围。总之，他会为自己编造出一种罪责来为母亲讨厌自己或遗弃自己的行为做辩护。长大后，他可能会故意把自己的学业搞砸或选择一个有施虐倾向的配偶，来印证他一生有多么的不顺遂。但他丝毫不会把自己那么多次的失败以及永无止境的内疚感，与罪魁祸首——小时候被遗弃的经历联系到一起，他会劝服自己，那道坎已经迈过去了，该把它忘掉或者把它永远地尘封在过去。

还有一个原因让人们难以承认自己在童年时期遭受过不公正待遇，那就是当一个人成为受害者时，他常常倾向于冻结或隐藏自己的苦难。他可能伪装得非常好，以至于对苦难曾经带给他的痛苦都麻木了，但这种已经麻木的痛苦恰恰可以为我们提供线索。它往往会以身体的功能障碍表现出来，因此我们要对身体表现出的各种功能障碍给予特别的重视，以便能够追踪至它的根源，即童年的受虐经历。

为人父母之后，承认自己童年所受之苦会变得容易一些，因为他们能更清晰地想象出抛弃新生儿或将孩子当作出气筒意味着什么，甚至他们会突然意识到自己曾遭受的不公平对待，也会懂得自己需要付出多大的努力才能承认这就是虐待。

因此，我们会惊讶地发现，有相当多的人在一开始会说自己的童年没有受过煎熬，但很快他们又会极为平静地回忆到：他们的父母从未来学校看过自己；他们在很小的时候就被送去寄宿学校；或者当父母要外出旅行好几个星期时，便把他们交给保姆或祖父母看管，期间却从未打来电话关心自己。

有时只需要有个朋友或心理医生对他们的悲伤情绪或被抛弃感说点什么，就足以令其恍然大悟：原来自己又恢复了痛感。虽然他们会对此感到震惊，但也会因为将这些经历用言语表达出来而得到平静，并且为过去的事翻篇做好准备。

揭开虐待的伪装

事情并非总是那么简单。要意识到自己所遭受的是虐待可能会很难，特别是当周围人不觉得这种行为属于虐待的时候。的确，如果你被家暴，或者你的父母不断贬低你，你自然是客观虐待行为的受害者，他人也会认同你是遭到了虐待。但如果父母的行为表现出了"我是为了你好"，那就不一样了。

例如，父母将你夸上天，把一连串与你真实品质无关的品质也安在你身上，以体现他们自己的价值，却不管这么做会不会让你产生自己很无能的感觉，或者让你觉得自己不值得被他们如此称赞而产生混乱感。你将为自己是一个冒名顶替者而感到痛苦，而且不幸的是这种感觉会一直持续。

父母的这些行为实际上就是伪装了的虐待行为。大多数人未能将其识破，因为他们缺乏必要的参照，尤其身旁缺乏深受其苦的人作为参照。因此，不自知的受虐者必须为自己建立一套标准以戳穿表象，正确评估自己的童年，并了解自己所遭受的虐待的本质。同时，也可以咨询心理治疗师，他们在定义及验证虐待行为方面拥有更多的经验与权威。还可以对这些虐待行为的机制进行破解，它们的共同点是都将自己隐藏在无害的、和善的或深情的表象之后。

只要玛蒂娜的丈夫一出差，玛蒂娜便允许她的儿子乔治与她一起睡觉，尽管她的丈夫明令禁止儿子跟妈妈睡觉。而格扎维埃只要一外出见朋友，就会把自己可爱的女儿莎拉带上，以替代他那因患有慢性疾病而行动不便的妻子。

这就是心理学家称之为"乱伦"的行为。顾名思义，它暗示着父母和孩子之间的一种暧昧关系，但这只是种象征性的暧昧，与乱伦恋爱有着实质性不同。

事实上，玛蒂娜与格扎维埃的行为并不像表面上看去的那样无足轻重，因为玛蒂娜相当于赋予了乔治他父亲的象征性地位，从而在乔治心中造成了混乱。格扎维埃则是利用了自己的女儿，让她象征性地代替自己的妻子。他自豪地把女儿塑造成战利品，因为莎拉比他的妻子更加年轻，更加漂亮，也更加健康。格扎维埃迫使莎拉背负起了伴侣的角色，因此从这个意义上讲，女儿被迫践踏了自己的母亲。事实上，这会使莎拉为自己对母亲的不忠而感到内疚，从而导致她的思想产生巨大错乱。这种错乱感难以被觉察，毕竟其隐蔽程度远胜过当她成为真正乱伦的受害者。

这自然会引起另一种有害行为，即来自"朋友般的父母"的伤害。

比如夏洛特的例子，她有一个 15 岁的女儿洛克萨尼。夏洛特同她当了妈妈的闺蜜们一样，和女儿在一起时感觉自己也变年轻了。当夏洛特组织女儿的生日聚会时，她除了邀请女儿的小伙伴，还邀请了更多她自己的朋友来参加，因为她女儿的大多数朋友还不被家里允许参加这种在夜间举办且有酒水供应的派对。派对的效果如何呢？夏洛特的积极好客和盛情款待受到了她的朋友们的一致好评，而在洛克萨尼的朋友那里，夏洛特也树立了一位优秀女性与好母亲的形象。总之，一切似乎都在往最好的方向发展。

可是洛克萨尼想要自己组织生日派对，并希望在生日那天只与自己的朋友们一起庆祝。但夏洛特"虚假的"善意让洛克萨尼认为自己的打算是不领母亲的情，她觉得自己不得不感谢母亲，好像她非常满意母亲的提议似的，但她真实的想法却正相反。夏洛特以"我是出于好心"的名义挤进洛克萨尼的世界，让女儿陷入困境，因为如此一来，今后洛克萨尼很难向已被夏洛特热情的一面所"蒙蔽"的小伙伴们诉说自己母亲的不是了。洛克萨尼本该使自己的朋友圈免受母亲的打扰，尤其当她想跟朋友们倾诉内心情感的时候，但她发现母亲已经打入了自己的圈子内部。

事实上，夏洛特的提议旨在显示她与女儿是同一个世界的人，以此展现自己是一位多么优秀的母亲。但夏洛特替女儿操办生日派对掩盖了这样一个事实，即她实际上剥夺了洛克萨尼作为青少年自己举办派对以及获得他人赞许的机会，洛克萨尼因此便无法脱离母亲的视线。夏洛特这么做是在阻碍洛克萨尼成长并找到属于她自己的人生道路。所以这种看似无害，甚至融洽的母女关系，实际上是母亲为了不让孩子离开自己而对孩子进行的操控。

而当父母视孩子为自己的财产时，他们对孩子进行操控和把孩子当作工具的行为会更加难以察觉。

亚历山大的父母都很自恋，他们的全部生活内容便是向外界经营出一副幸福夫妻的形象。亚历山大虽从未明说，但他很小就已经明白，他的出生就是为了仰慕和凸显父母组成的模范家庭。也就是说，亚历山大要为他们鼓掌，要对他们作为最佳夫妻的完美形象给予反馈，就如《白雪公主》中的那面魔镜，必须不断回答邪恶的后母，她是世上最美丽的女人。

你们可能会说："这有什么问题吗？"有，首先，这对父母都忙于他们的面子工程而无暇顾及儿子，当儿子没有履行他们已经默认分配给他的使命——仰慕父母时，他们给予孩子的便是冷漠，所以亚历山大时常会感到孤独和不快乐。

这还不是全部。亚历山大为自己的苦恼而心生愧疚，因为他试图让父母满意，父母想从他那听到什么，他就反馈什么，这就使他主动成了父母的帮凶。虽然他觉得任由父母这样利用自己是种懦弱的表现，但他又不得不接受父母的要求。因为除非孩子到了可以离家的年纪，否则孩子无权也无法拒绝父母的支配。最后，亚历山大为自己的口是心非而感到羞愧，他配合父母演出了一台他从未从中获得快乐的喜剧。因为他无意识中早已明白，父母不会支持他有自己的欲望和要求。如果让父母在对亚历山大投入时间、精力、表示出兴趣，和抛弃亚历山大这两者中选择的话，他们肯定会选择抛弃亚历山大。而这将毁掉亚历山大。

上述例子很好地说明了这些变相虐待的真实面孔。事实上，这类虐待对孩子造成的伤害不仅周围人难以料想，孩子还不断受到他亲自配合父母伪造的完美夫妻形象的压制，造成内心的冲突。孩子通常会因父母投入诸多精力打造的恩爱、奉献、慷慨的完美形象而不断被他人艳羡，所有接触了这对夫妇的人往往都会留下这般强烈的印象。

阿波琳的母亲在无意识中有一种向全世界昭告自己有着伟大母爱的倾向，她甚至为了使自己得到满足而不顾女儿的感受。比如阿波琳仅仅只是患了感冒，她的母亲就要向全世界宣布女儿病重。当她无法将女儿的扁桃体炎和支气管炎拖延更长时间时，她就会编造出一些假的症状，来阻碍女儿得到更妥善的治疗。

她把阿波琳关在家里，同时通知所有亲朋好友有关女儿的健康问题，并夸大医院的诊断结果，向富有同情心的医生表演她的焦虑。

毫不奇怪，在这种环境下长大的阿波琳在成年后很难理解自己为何会对母亲产生不满，毕竟全家人都认为她的母亲是位无私奉献的好母亲，她也很难把母亲的行为与闵希豪生综合征（闵希豪生综合征是一种通过描述、幻想疾病症状，假装有病甚至主动伤害自己或他人，以博取同情的心理疾病）联系到一起。

最后，若不提最常见的虐待形式——忽视，就不可能完成对虐待的完整叙述。虽说忽视这一行为比前面谈到的虐待行为更容易表述，但是忽视的严重性也最容易被人们低估。要知道忽视是抛弃行为的日常形式，由它带来的痛苦并非只有孤儿才能体会到。我们每天都在经历着忽视，只不过有时它会伪装成令你意想不到的形式，比如当我们和孩子在一起时却不给予孩子任何关注，我们要么只关注自己，要么被智能手机所吸引，要么被酒精俘获。

抚慰受伤的小孩

为什么要做这种透析工作？为了了解是什么在让我们受苦，更是为了摆脱这些痛苦。因为正是这些痛苦所富有的持久生命力使童年对我们的影响延续至今，所以安抚自己内心住着的那个受伤的小孩至关重要。

而实现这一点的最好办法是在心里再现童年时代给我们留下深刻烙印的情景：将自己放置于虚构的角色之中，不是扮演当年的那个孩子，而是扮演成人的角色，然后用我们成年后的眼光来判断童年带给我们的悲伤、罪恶感或无能感是否合理。

例如，刚出生就被遗弃的孩子总觉得自己是有罪的，正是因为这个罪孽的存在，才无法激发父母对自己的爱，不然无法解释父母为什么要抛弃自己。所以他需要进入父母的人设，想象孩子出生那天自己正在妇产科考虑要不要这个孩子。接着问自己，父母做出遗弃新生儿的选择是否因为这个孩子在他们眼中带有某种罪孽。这样一来他就会明白，在父母抛弃他的决定中，他并没有做错什么，既然他的罪恶感经不起这样的情景分析，那么这种罪恶感便会减轻。

同样地，如果我们在童年时期被性侵，而那时周围并没有人相信我们或保护我们，那么此刻就需要试想一下，如果孩子告诉我们她/他遭遇了性侵犯，我们当下会做什么。然后将我们的做法与我们父母当年的反应进行比较。无疑，我们会相信孩子的话没有骗人，然后采取相应的措施使他远离侵犯者，同时在言语上给予他安慰，行动上给予他温暖。

为了确认自己确实是受害者，并克服不必要的罪恶感，我们不可避免要去衡量父母应负的责任。还有一种能够抚慰我们心灵的有效方式，就是把自己想象成我们当年的父母——会给予孩子保护与慈爱的父母，扪心自问在相同的情况下，我们会如何安慰孩子。重新书写过去，对自己说一些我们小时候本想从父母那里听到的话，或者想象一下父母本应对小时候的我们表现出的态度，就等于我们在以一种象征性的方式扮演一个好家长的角色，也相当于我们在纠正父母当年所犯下的错误，同时包扎自己的伤口，减轻自己的悲伤和困惑。

第四章

纠正行为

童年的印象是难以淡化的，所以我们必须尽力使之成为美好的印象。

——索斯提尼斯·德·拉罗什富科-杜多维尔

《思想与箴言之书》（181）（1861 年）

消除自己的痛苦是一回事，但摆脱驱使我们再现痛苦的反射则是另一回事，因为这种反射就住在我们身体内。所以我们有必要养成对自己的养育行为进行质疑的习惯，以便纠正其中的不当之处。

我们以第二章中提到的伊莎贝尔为例，当她的孩子在汽车后座乱喊乱叫时，她忍不住朝着孩子怒吼，直到有一天她开始对自己的这种反应进行分析，而不是像往常一样选择忽视。令她大为吃惊的是，这次反省带给她的是平静，而不是难以忍受。她得以把自己对孩子的态度和父亲当年对待她的态度联系在一起，明白自己的愤怒源于童年经历，而不是自身的性格缺陷。在意识到自己的行为和自己对直面过去的抗拒已使自己承受了巨大的内疚和痛苦之后，伊莎贝尔终于松了一口气。

在摆脱了罪恶感后，伊莎贝尔也与自己和解了。她决定改变这种因自己的条件反射而让孩子被过多指责的情况。伊莎贝尔强迫自己在白天的某个时间段内放空头脑，重新将自己的行为在脑海中像放电影一样回放一遍，以追踪怒火发作的根源，并思考当时有没有其他更好的反应方式。

起初，她都是在怒火爆发的几个小时以后才意识到自己刚才冲孩子们发了脾气。之后，她大发雷霆与她意识到自己刚刚大发雷霆所间隔的时间越来越短。这让她得以在发怒过后及时恢复平静，纠正自己刚才的冲动行为，并向她的孩子们道歉。直到有一天，伊莎贝尔成功抑制了自己想要发怒的冲动，她甚至发现自己能够为听着孩子们闹哄哄地说着傻话而感到高兴，并在寻找如何让孩子们消停的过程中获得乐趣。

注意时刻保持警惕

那么，如何才能意识到我们的冲动呢？尽管冲动反应在出现之时就应该引起我们的注意，或者当我们睡觉前进行自我反省的时候应该想起它，但这种冲动的出现完全没有规律可循。由于大多数人认定自己无力改变，所以他们任由自己的生活侵吞自我感受——尤其是那些与他们的养育行为有关的不适和内疚感。他们看不出自我反省之后能得到什么好处，所以只有在面临危机或悲剧时才会勉强进行自我反省。

然而，我们完全有可能对这些因我们的童年而导致的不恰当的反应采取行动，要实现这一点，我们必须时刻对我们的养育行为保持警惕，对我们的所思与所感永远保持敏感。或者至少像伊莎贝尔一样，让自己的大脑定期休息一下，将我们教养孩子的行为在脑中回放，从中识别出因条件反射而犯下的错误。

无论孩子年龄多大，我们都必须不断要求自己坚决地、规律性地做到上述要求。这种内在的努力是我们为人父母的职责之一。

我们面对的是自己的不适，因此要为此投入一定的时间和精力来检查、剖析自己的行为，只有这样我们才能理解这些不适到底是怎么一回事。也就是说，当父母过往的行为令我们备受折磨时，不适就是我们最常见的反应，而我们的不适又会对我们的孩子产生有害影响。因此我们绝对有必要质疑父母的行为，而不仅仅是把父母的所作所为从头脑中驱赶出去，否则这种记忆会将我们困在一种痛苦的愧疚之中，令我们陷入麻痹。

识别源于童年的反应

我们必须要从养育孩子过程中做出的所有反应里识别出那些源于自己童年时代的不当反应。许多方法都可以帮助我们做到这一点。首先请考虑在我们的养育行为中，以及在孩子回应我们的行为中，有没有一些需要引起警觉的行为。

需要引起警觉的行为并不见得是那些显而易见的反应，比如愤怒、气恼和执拗。例如，一些父母让孩子整天都待在电视机前的行为完全有可能是由他们的童年创伤造成的。这么做一是因为他们不想去照顾孩子，二是因为他们想让孩子爱他们，所以错误地认为顺从孩子的一切意愿就是获得孩子爱戴的最好方式。但对孩子来说，这么做跟父母专制并没有什么区别，对孩子的影响依然是灾难性的。

有些反应乍一看貌似合理且正当，实则不然。所以我们更有必要质疑自己行为的合理性，同时扪心自问，我们的行为是否积极，是否有效且符合我们的教育目标？也就是说，要向自己提出"这样的行为是对我自己有益，还是对我的孩子有益？"这一问题。那些只遵循自己童年的复制逻辑的反应是没有任何教育效果的。

身为母亲的娜黛吉拒绝让 15 岁的女儿约瑟芬参加每周六晚上父亲主持的人道主义活动，理由是活动的结束时间是 22 点，而正值青春期的女儿每天需要在 21 点前睡觉，以便第二天上学时能有好的状态，然而第二天是星期天啊！她强调这是"为了女儿好"，但如果娜黛吉能反问一下自己，便会意识到自己的理由经不住分析，她的要求无疑是源于自己童年经历的机械反应。在这种情况下，她因自己的童年经历而去要求女儿，以防止她逃脱自己的控制或与她的父亲有直接的关系。

所以我们必须特别警惕自己的教育观念，这些观念就像是变色龙，它们往往只是特定情况下我们生搬硬套的借口。

45 岁的奥蕾莉亚无缘无故在餐厅里对她 12 岁的女儿卡普西尼大发脾气，因为卡普西尼刚点了一道甜点。奥蕾莉亚唤来服务员，请他只给女儿上一半的甜点，理由是"这点就够了"。这完全是一种专断的行为，然而如果需要的话，奥蕾莉亚会毫不犹豫地援引节制饮食的理论或捏造家里经济困难的理由为自己的行为辩解。但卡普西尼既没有什么特殊疾病也没有体重上的困扰，而且这顿饭的花费也不会给奥蕾莉亚造成负担，所以奥蕾莉亚这么做很可能是在和自己的童年较劲。

所以我们要质疑自己的坚持，即使人们一致认为坚持是有益的。

有一位生病的父亲，当他 14 岁的儿子向他索要 iPad 作为生日礼物时，他训斥道："你怎么不想想我在你这个年龄的时候有没有iPad！"他认为自己在儿子面前表现出的威严无可指摘，因为父亲有权拒绝儿子，尤其当他发现 iPad 太过昂贵的时候，他便认为不值得买来给儿子当做生日礼物，或者儿子必须在某个领域取得一定的成绩后才配得到这样的礼物。总而言之，他的这些理由是基于想要教育孩子的逻辑。但他那只基于"没有为什么"的理由，只能反映出他对报复的渴望，因为他自己的童年就没有得到满足。

恰恰是"这是为你好""没有为什么"和"我是因为爱你"在帮助我们将自己无意识中的控制和报复的欲望合理化。

最后，我们必须试着去发现我们的养育行为与自己童年所遭受的虐待之间可能存在的联系，即问自己这样的问题：是我还是我父母的回响在引领着我的行为？请记住，要建立这样的联系并不容易，因为来自我们童年的回声可能表现为各种各样的形式。

事实上，当我们面对的情景与小时候经历过的情景完全相同时，我们完全可以重复父母当年的态度，例如怒斥孩子在学校的糟糕成绩，或者在孩子的睡觉问题上大发雷霆，正如父母过去对待我们的那样。我们也可以模仿父母的坏脾气，比如在日常生活中只因一个小小的烦恼就提高嗓门大骂，甚至抬手打孩子。

或者我们还可以对支配我们父母行为的反常逻辑表示认同，比如也去操控或报复自己的孩子，并将这些欲望隐藏在慷慨与仁慈的借口背后，就像娜黛吉以为了女儿得到充足睡眠为由，阻止约瑟芬陪同父亲参加人道主义活动。要从我们自己的行为以及我们父母的行为中识破这种逻辑非常困难，因为并非是我们的反应本身需要受到质疑，而是促使这种反应产生的原因和机制，以及通过反应所暴露出来的东西值得我们去思考。

简而言之，我们难以发觉也难以接受自己正在复制着自己的童年，因为复制童年有时甚至会诱导我们做出有害的行为，这些行为令我们害怕，令我们陷入内疚，令我们摆脱不掉烦恼。然而情况越严重，我们就越需要从专业人员那里得到帮助，因为当我们试图向他们证明自己为人父母的行为合理时，便会表现出内心的矛盾情绪，而这种矛盾情绪只有暴露出来才有可能被克服。

改变行为

学而时习之

改变自身的行为确有必要，但仅仅只具备想要改变的意愿还不足以帮助我们对付自我的无意识机制。我们必须对自我行为进行检讨，才能看清我们的无意识行为，才能使之浮上意识的层面，进而通过我们主观上的努力使之改变。

这种依靠自我意志力的方法好比一曲华尔兹，也分为三个阶段。首先我们需要通过质疑自我来发掘我们的无意识行为，然后将这些行为与自己的童年经历联系起来分析，了解自己行为的动机和触发点，最后设想自己还能做出其他什么反应。

这需要坚持不懈地练习，因为我们能在不断重复的过程中更好地克制自己的习惯性动作，或者至少能与自己的反应保持一定距离，明白并承认这些过激反应对我们孩子的害处。这样可以改变一切。当我们动手打了孩子时，毫无疑问，我们最好为自己的错误行为向孩子道歉。我们应该告诉孩子："我错了，我不应该打你，我不知道除了打你还有什么其他选择，但是我懂得你因此而承受的痛苦，我也认识到了自己的过错。"只有这么做，孩子才不会为自己所承受的痛苦而感到内疚，他才会明白这不是他的错，而是父母的过错，同时也能够让他放下父母的暴力带给他的痛苦。

反抗父母

一旦确认我们的反应与我们父母的反应之间存在着联系，那么很明显，我们必须反抗父母以改变自己的行为，因为父母是第一个会对我们说这种话的人："当你有了孩子，你就会看到当父母是件多么不容易的事，你会亲自体会并忍受同样的煎熬，然后你就会理解我，你会发现我才是对的，孩子是讨人厌的、可怕而忘恩负义的……"也因为我们隐约知道认同父母的想法以及模仿父母的行为就等同于在支持父母，在向父母致敬。

因此，除非我们的童年幸福美满，否则我们当务之急就是要质疑父母的想法以及他们说过的话，并拒绝按照他们的方式行事，拒绝像他们那样不恰当地教育孩子。不过，我们没有必要向父母宣布我们对他们的质疑，因为在他们面前表现出我们对待孩子时的正确态度，就是最有力、最清楚的表达。父母能够区分清楚并且自然地把我们对孩子的亲切与关爱解释成一种对他们的反抗，这种反抗比起斥责要激烈与彻底得多。

但是，光防止自己复制父母的不当行为还不够，我们必须用正确的行为代替错误的行为，同时学会用跟我们父母不一样的方式来对待我们自己的孩子，又不是像前文例子中所说的那样，父母当初是怎么做的，现在我们就全反着来。如果父母在我们童年时期没有尽到陪伴的义务，那么我们就要学会在与我们自己的孩子相处的过程中找到乐趣，高质量地陪伴孩子，而不只是简单地把所有时间花在孩子身上。

找到不当行为的替代方式

在找到可以替代我们不当行为的方式之前，通常需要历经一番摸索。

因此，伊莎贝尔想了许多不同的办法来试着让孩子们不要大吵大闹。她并不是要求孩子们完全服从自己，而是要求他们为他人考虑，不要再吵闹。然后她下了车，留给孩子 5 分钟的时间，看谁能赢得不说话比赛的第一名。她还试图用幽默代替自己的愤怒："我会在篝火上烤你们的脚趾，如果你们继续……"

培养自己的另一种反应方式就像是肌肉训练一样，为了训练这种能力，我们还得知道该以什么样的行为代替先前的行为。因此，我们应了解什么是对孩子有益的，什么又是有害的。我们常常在这一点上知之甚少，因为我们自己的父母在这方面就做得很欠缺。

泽维尔·多兰的影片《妈咪》讲述了一位对儿子管教无能的母亲戴安与她那冲动而暴力的儿子之间的矛盾与温情。

父亲去世 3 年后，16 岁少年史蒂夫被送进了问题少年中心。后来由于问题少年中心失火，史蒂夫又被送回了母亲身边。

史蒂夫和母亲团聚后，母子关系却游走在崩溃的边缘，纠缠着爱、暴力、侮辱和温情。

戴安这位不成熟的母亲对儿子的爱是那么热烈，以至于即使儿子经常做出冲动的暴力行为，戴安却总想把儿子留在自己身边。她难以分辨什么对儿子是有益的，或者什么对她自己是有益的。

当儿子后来试图自杀时，戴安为了避免悲剧上演，决定把儿子送回问题少年中心接受治疗，她希望这么做是对他有利的。然而，问题少年中心的负责人说道"我们爱一个人并不能拯救他，爱与拯救无关。"

因此，我们需要参照标准来选择养育孩子时的优先事项，这就是本书最后一部分的主要内容。

第三部分

成功教育孩子
的方法

第五章
投身于孩子的教育

养几个小娃娃吧，给他们擦屁股、擤鼻涕、哄他们睡觉、弄脏他们、再给他们洗干净，让他们聚拢在你的周围。如果他们笑了，那很好；如果他们哭了，那就更好了；因为会哭喊就是能活下去的表现；看着他们在六个月的时候吃奶，在一岁的时候爬行，两岁的时候走路，十五岁的时候成熟，二十岁的时候谈恋爱，谁能有这些乐趣就是享有了一切；我是错过了，这就是为什么我是一个野蛮人。

——维克多·雨果《笑面人》（1869 年）

教育之于孩子如同水之于植物。

——索斯提尼斯·德·拉罗什富科－杜多维尔
《思想与箴言之书》（8）（186 年）

要想成功地教育孩子，父母除了需要不断质疑自己之外，最重要的是去关心孩子。不过，他们要先衡量什么才是真正的关心。

毋庸置疑，孩子得到的关爱越多，就越健康；孩子得到的关爱越少，就越容易受到煎熬。孩子的情感、智力和身体发展都取决于此。这也有力地说明了为什么父母应投身于子女的教育。虽然没人会对此提出质疑，但以上观点理应得到更多支持和发展，因为如今盛行的观念还是：对孩子的教育不能以牺牲父母的情感、事业或文化生活为前提，支持"父母应该将孩子放在第一优先级"观点的人并不多。的确，这种要求令人望而生畏，甚至还会招来一些反对意见。

对夫妻间平衡的担忧

最初的担忧甚至发生在孩子出生之前，因为夫妻双方会担心家里有了孩子以后，自己不会再像以前那样爱对方或被对方爱。其实我们根本没有必要担心我们爱的能力有限。然而，每当家里增添一个新的小生命时，我们又会表现出类似的担忧："我能像爱第一个孩子那样爱这个孩子吗？我有足够的爱给予两个、三个甚至四个孩子吗？"这种担忧往往以相同的方式消失。因为我们发现爱的能力是可以扩展的，甚至是无限的，我们并不需要分掉对第一个孩子的一部分爱来给最小的孩子，更不需要分走对配偶的一部分爱来施与孩子。

不过，孩子的出生可能会改变或破坏夫妻间的平衡。在一些传统家庭中，父亲们往往会害怕妻子因为要照顾孩子而在感情和性生活上抛弃自己。

因此，年轻的母亲们应尽可能频繁地与自己的配偶享受性生活，或至少保持跟以前一样的频率。没有性生活，或者以厌倦为借口而鲜有性生活都是错误的。首先，性生活不会让人疲倦，反而能令人放松，这主要归功于在性爱过程中产生的内啡肽，它是人体的松弛剂。其次，性爱促进了双方的非语言交流。语言形式的交流远远比几分钟的拥抱要耗费更多的力气，比如询问对方"你爱我吗？你觉得我丑吗？你爱孩子胜过爱我吗？"而性爱就能使夫妻寻找到这些问题的答案。因此，父亲们也要尽快恢复自己作为性伴侣的地位，重新找回夫妻间的平衡。父亲要多分担母亲育儿的压力，不时将年轻母亲的注意力从孩子身上转移开，以保护夫妻间的私生活。这样也能防止孩子成为母亲的一切，从而避免了孩子因为要对母亲的幸福负责而承受压迫感。

也就是说，夫妻双方，特别是母亲对孩子的情感投入虽然不意味着忽视自己的配偶，但这确实会改变夫妻间的界限。父亲们只能眼睁睁地看着自己的妻子在母乳喂养的过程中被母爱的荷尔蒙所吞没，并与孩子在身体上难舍难分，难怪父亲们在孩子出生后往往难以找到自己的位置。

弗朗索瓦对他的治疗师说："我不能理解我的妻子。在我们的孩子出生之前，她绝不会在半夜起床，不管是为了跟我做爱，还是给饿得不行的我做吃的。但是现在孩子一哭，她就立刻起身。"换句话说，弗朗索瓦的妻子为孩子做了她从来没有为丈夫做过的事。在弗朗索瓦看来，妻子的所作所为说明了比起身为丈夫的他，妻子更爱的是孩子。因此，心理医生不得不让弗朗索瓦明白，他的妻子并没有改变。他的妻子一直想有一个安静的夜晚可以好好睡觉，但是如果孩子在夜间哭闹，她必须为宝宝起身下床，因为孩子没有能力照顾自己，尤其在孩子生病的情况下，母亲及时起床照顾孩子是至关重要的。而半夜弗朗索瓦觉得饿了，妻子为他起床做饭却并不是必需的，因为弗朗索瓦完全可以自己下厨。这两件事情的重要性和可能产生的后果都有着巨大差别。

孩子的存在需要父母就夫妻关系做出调整，但即使搬家、夫妻中一方的工作调动、工作时间变更之类的事情同样也要求对夫妻关系做出调整，因为另一半的心情或两人在一起的时间也会随之改变。事实上，是生活本身在要求每个人以及每个家庭不断地做出调整，因而没有必要因为这次涉及的是孩子，夫妻两人便做出不同的反应。

当然，事情也并不总是那么简单。孩子的到来的确会打乱那些像母子一样相处的夫妻之间的平衡。孩子的出生会使在夫妻关系中表现得像个孩子的一方的行为受到另一方的质疑，由于习惯了孩子出生之前受到配偶的照顾，所以当孩子出生后，他／她也许不愿意承担起对子女的养育，甚至会阻止配偶投入精力照顾子女。

比如戴安娜的例子，她突然再也不能忍受丈夫柯立安的幼稚行为。而在他们的孩子出生之前，戴安娜为了满足柯立安对母爱的需要，她一直惯着丈夫，甚至因此进一步激发了丈夫的幼稚行为。

在那之前，戴安娜一直把柯立安唤作"我的宝贝"，她对丈夫体贴入微，迎合丈夫所有的需求，自己却没有对丈夫提过任何要求。总之，戴安娜俨然像是照顾小孩一样照顾着自己的丈夫，这样的照顾对宝宝来说是不可或缺的，但对她的丈夫来说却没有必要。我们确实可以像母亲对待孩子一样对待配偶，但不是达到100%的程度，而是50%。因为不管是男人还是女人，他们在需要被像母亲一样温柔以待的同时，也需要感到自己是被他人需要的，自己对他人是有用和重要的。

所以难怪柯立安会对妻子的一反常态感到不满意。当他们还没有孩子的时候，戴安娜认为自己的丈夫不必承担对家人负责、保护家人的角色，因为她感觉自己是独立自主的女性，她对自己充满了自信。可自从戴安娜生了小孩以后，她感到了脆弱和无助，于是她要求丈夫变成一个能让她倚靠的守护者。

戴安娜也没有理由批判自己的丈夫，因为她实际上只是希望得到丈夫的保护。而这一要求对柯立安来说不成问题，只要戴安娜能在他面前示弱，或在孩子出生后向他寻求更多的帮助和安慰。

事实上，在夫妻关系中，重要的不是角色分工，因为角色是可以互换的，并且可以有悖于传统的定式，比如妻子负责换轮胎，丈夫负责给孩子喂奶等等。重要的是从一开始就考虑好角色的划分，以免日后不得不改变自己的角色。例如随着时间的推移，一个人会无法胜任最初他给自己定下的角色，比如把配偶当成宝宝一样对待，这只有在夫妻二人还没生孩子的时候才行得通。

"家长是否应该全身心投入孩子的养育中"的争议也会在对家庭生活各持己见的夫妻中引起争执。例如，夫妻中会有一方没那么热心于抚养孩子，或是还没有做好准备。

这就是发生在娜塔莉身上的事。娜塔莉一直没能说服丈夫阿兰要一个孩子，直到她向阿兰承诺之后由她来照顾孩子，并且他们的夫妻生活不会因此受到干扰。于是，她不得不尽可能减少因女儿艾拉的出生而给家庭带来的混乱。为了不让阿兰反感女儿，娜塔莉尽量避免让阿兰受到女儿的影响。娜塔莉试图在照顾艾拉的同时不改变或尽可能少地改变夫妻生活，因此只要有可能，她就把女儿托付给幼儿园、街区的临时托儿所或者是祖父母。也就是说，娜塔莉竭力向阿兰掩饰自己身为母亲的疲惫、困窘和不安。她不想让自己的育儿角色影响夫妻的日常生活，于是竭力表现出一副精力充沛、无忧无虑的样子，假装像过去还没有孩子的时候那样自由，周末照样跟朋友们吃饭、看电影。总之，她掩盖了自己在孩子身上的情感投入，对自己的教育志向闭口不谈，她想让自己看起来毫不费力就可以搞定一切。只是这两种生活、两种形象之间的差距太大，娜塔莉得独揽所有麻烦，她再也找不到过去生活中的快乐，特别是之前单独与阿兰在一起时的快乐。她在照顾女儿的过程中也没有感到乐趣，以至于她在摧毁夫妻关系的同时，也错过了当一个好母亲的机会。

不愿改变生活方式

不愿优先考虑孩子的人远不止阿兰一个。不幸的是，大多数想要生孩子的父母皆是如此，他们还想继续过没有孩子时的那种生活，所以他们不愿为了投身子女的养育而改变自己的生活方式。

这样的态度可以理解，因为有孩子的家庭让人联想到的标签往往是以孩子为中心、中产阶级、井井有条、装有儿童安全座椅等词。这种形象往往让人感觉沉重和平庸。人们受到年轻时的影响，想保留像少年一般活出自己人生的可能性，而不想去承担养育孩子的责任与随之而来的焦虑。

这种态度的危害性比想象中的还要大。持这样态度的父母不愿做出牺牲，因此他们的所作所为就好像自己没有孩子一样。不幸的是，被这样的父母抚养长大的孩子，其所作所为也好像他们没有父母一样。也就是说，这样的孩子很可能会感觉生活在痛苦之中，或者走上犯罪道路，甚至会有自残倾向。因此，我们可以提出几个看似矛盾的论据来驳斥这类父母的行为。

不可否认，抚养孩子意味着无拘无束的生活的终结。事实上，无论我们从亲人或工作中能获得多少物质支撑，随着年龄的增长，我们已经不再处于自己的行为只与自己相关的年龄了。我们不再是一个个体，而是被赋予了更多的义务；我们不再有权利置自己于危险之中，或置生命于死亡之中；我们也不再有行为不端、树立坏榜样的权利，正如我们再也不能任由自己只有微薄的收入一样，因为我们要满足孩子的需要。

我们必须接受以上的一切，发扬家长为孩子奉献自我的传统，并以此感到自豪和喜悦。因为要教育一个孩子，远不止要收敛过去自我放纵的生活。而所谓改变生活方式，也不意味着选择了传统的生活方式就必须放弃发明、创新和想象。养育孩子是生命的一部分，它对于人类来说是一场必不可少、要求严格并具有革命性的冒险，切不可半途而废。

养育孩子类似于进行一项高水平的体育运动，需要花费数年的努力才能达到预期结果。因此，这一过程绝不会令人感觉平庸，而是意味着要有自我要求和自我超越的精神。它像所有的冒险一样能带给人最大的满足，这种满足远胜于去电影院看一场电影。养育孩子也需要家长为了充分扮演好家长的角色而尽可能放弃其他生活方式，就像即将扬帆踏上环游世界征程的冒险家不得不放弃和朋友们一起吃饭、泡吧或者看戏一样。我们会称赞那些冒险家有舍有得，他们不是囿于一隅的人。

在抚养孩子的过程中，家长需要付出的精力随着孩子长大呈递减趋势。我们可以进行如下量化：对刚出生的孩子，家长要花80％的精力去照顾；而照顾3岁的孩子需要家长花60％的精力；当孩子长到12岁，家长要花40％的精力；当孩子年满17岁，家长只要花10％的精力。如果我们在子女还小的时候没有付出过相应的努力，等到他们长到20岁时，我们就得付出代价。孩子可能在学业上失败，暴食或厌食，甚至吸食毒品或犯罪，而处理这些问题将占用我们3 000％的精力。

是否意味着放弃自己的生活

家长也会担心全身心投入孩子的教育将意味着放弃自己的生活。这种焦虑尤其令母亲们困扰，她们的生活已经被暂时"钉住"了，更不必说她们中的一些人因孩子的出生而不得不中止自己的工作。其实，让孩子成为被优先考虑的对象并不需要牺牲我们生命中那些重要的东西，比如工作和伴侣。

特别是对于女性来说，她们不能仅仅因为孩子而放弃工作。首先，当下公认的成功女性往往是那些能取得一定成就，并且能平衡工作与家庭的女性。当今很少有女性只满足于留在家里照顾孩子，她们更看重经济独立，因为经济独立对个人的自主性来说必不可少。同时她们也需要拥有一个不同于母亲的角色。因此，中止工作对她们来说无异于将自己的事业受挫归咎于孩子身上，这也会对孩子造成影响，我将在后文对此做进一步阐释。

家长同样不能因沉溺于照顾孩子而牺牲掉自己的另一半。因此，母亲（或家庭中参与孩子教育更多的一方）应关心配偶的需求，并安排好事情的优先级，以平衡自己给予配偶和孩子的关注，使之处于合理的比例。例如，在孩子出生的第一年，我们可以留给配偶20％的关注度，当孩子3岁时就增至40％，之后逐步递增。直到孩子年满18岁，我们便可将100％的关注度重新放回配偶身上，因为从生命的这个时刻起，我们更多的时间将是与自己的配偶在一起，而不是与孩子在一起。

汤姆喜欢打猎，但是当他有了孩子之后，便对心理医生说："我不打猎了！自从宝宝出生以来，我再也没法带着我的妻子星期天去打猎了。"他的心理医生则告诉他："如果你不去打猎，你会把你的妻子还有孩子当成出气筒，我会在2年内再次见到你，但那时你可能就是为了离婚来见我。所以你还是继续打猎吧，不一定是每个周末，可以三周一次。"

投身于孩子的教育并不会导致我们放弃任何重要的东西，但实际上，我们仍然需要努力调和自己生活的各个部分，而不要以孩子为借口谴责配偶、辞掉工作或勉强维持不幸福的婚姻——但这些托词比我们想象的更为常见。

布朗蒂娜在她的第四个孩子朱丽叶出生的时候辞职了。布朗蒂娜说这个女儿的到来完全是个意外，而非计划之中。她总是抱怨朱丽叶太难管教，即使她辞了工作全职带朱丽叶，情况也没得到任何改善。朱丽叶总是哭个不停，但她并不是布朗蒂娜前来咨询心理医生的主要原因，事实上布朗蒂娜也只是偶尔抱怨一下女儿。当朱丽叶到了上学的年纪时，布朗蒂娜依旧没有停止抱怨。尽管朱丽叶白天都在学校中度过，但布朗蒂娜依旧没办法给自己匀出时间，因为她非常担心在上学前和放学后都会满地打滚的怒气冲冲的女儿。布朗蒂娜的白天似乎就这样被焦虑填得满满当当了。

心理医生在询问了布朗蒂娜的工作情况后意识到，布朗蒂娜声称是为了照顾朱丽叶而辞职，但实际上这份工作本身并不让布朗蒂娜感到满意，朱丽叶的"意外"到来恰好给她提供了极佳的借口来辞掉这份工作。布朗蒂娜向心理医生承认，其实她梦想成为一名建筑师，但她没有读过这个专业。而如今她已到了"奔四"的年纪，她没有勇气重新去学建筑，尤其是学习的过程可能会十分漫长。布朗蒂娜终于明白了，她并没有把朱丽叶当成自己优先考虑的对象，而是当成一个可以让她不去直面自己的借口。为了替自己的懦弱辩护，布朗蒂娜把女儿描述成了一个讨厌鬼。

有时家长也会以已经进入了青少年期的孩子作为自己继续生活的理由，或作为维持他们垂死婚姻的借口，夫妻感情在为了孩子的借口下得以残存或巩固。

奥斯卡经常与妻子争吵，他已经无法与妻子相处下去了，但他却拒绝离婚。他们的婚姻能够维持还要"多亏"他们有个瘾君子的儿子。因为一旦儿子出现了问题，他们就可以被"问题缠身"了。虽然这对于巩固他们的关系来说还不太够，但还是给了他们一些可以交流的话题。所以从某种意义上说，是他们的孩子在缓和他们的婚姻危机。当治疗师对奥斯卡说："你的问题是你们的夫妻关系，你无法跟你的妻子相处下去。"奥斯卡回答说："是的，但在我跟妻子分开之前我还能为儿子做什么呢？"奥斯卡的儿子会步入歧途的原因之一正是因为父母不和。事实上，这个孩子既无法跟他的父亲交流，也无法跟母亲交流。因为在他看来，不管他选择信赖任何一方，都意味着要在父母大战中与另一方为敌。

还存在这样一种情况：夫妻中有一方因某种原因感到沮丧或愤怒，他／她要求与配偶平分教养孩子的任务。如果说在孩子出生之前两人就无法做到分工平等，直到孩子出生后其中一方才想要均分家务，这便是一项无法满足的要求。父母教育孩子的方式往往是不同的。但是，让另一半也承担一些照顾孩子的义务是完全合情合理的，因为当今夫妻之间的合作与互助要比以往任何时代更甚，所以每对父母都应该根据自己的喜好和能力来选择他／她要在孩子面前扮演的角色，毕竟任务应该分配给最能胜任的人。在传统的夫妻关系中，父亲的角色仅仅只是把孩子抛到空中逗孩子玩或教孩子骑自行车，却把给孩子换尿布和晚上起夜照顾孩子的任务留给了妻子，理由是喂奶这个工作只有母亲才能胜任。如今，这种情况往往会被指责为性别歧视，并且不应该构成一个问题，夫妻双方都应该尽力承担力所能及的教养任务，因为父母对孩子来说缺一不可。

无暇自顾

父母在养育孩子的过程中经常会产生这样的抱怨："我都没有自己的时间了。"但孩子是唯一会占用我们时间的人吗？友谊、爱情以及工作同样会占用我们的时间，生活本身就会占用时间。那家长为什么要把这种状况归咎到孩子身上？为什么孩子要为家长缺少时间负责呢？因为在这种时间不够用的感觉中，经常伴随以下困境的出现：收入减少，工作缠身，家事不断或是丈夫出轨，而孩子并没有出现什么问题。可我们却经常将焦点转移到孩子身上，让孩子背负一切责任，因为这样做没那么复杂，或者说这样做比质疑丈夫或辞掉工作的风险更小。所以倒霉的总是孩子。

还有一些年轻的妈妈会说："我受不了了，我筋疲力尽了。"她们应该先问问自己，是否和丈夫在一起时或在工作时也会如此疲劳，答案经常就在这二者之中。除此之外，这种感觉也可能与她们童年时经历的痛苦有关。

有一位妈妈就是这样，她认为自己的孩子占据了她所有的时间，尽管她还雇了一个全职保姆来协助自己。小时候，她在家里是年纪最大的孩子，她一个人要照顾所有的弟弟妹妹，所以当她和自己的孩子在一起时，便会觉得自己又经历了一次窘迫的童年。其实她只要能明白这种失去自我的感觉更多是来自于自己童年经历的投射而非现实中孩子的问题，她就可以在与孩子的相处过程中体会到快乐。

疲倦

父母之所以会感觉没有时间留给自己，首先是源于这样一个事实：照顾孩子本身就是一件苦差事。在离开产科病房时，家长就应该明白，照顾新生儿要比干一份全职工作耗费更多的时间和精力。当孩子逐渐长大，父母就要开始回答孩子层出不穷的问题，满足孩子渴望更多关注的需求。孩子步入青春期后，父母还不得不面对他们的叛逆行为。虽然家长提前预料到了这些状况，但他们仍会被孩子搞得措手不及。

尽管如此，我们还是有必要谨慎使用"疲倦"这个词。我们真的觉得很累吗？其实，很多情况下是焦虑放大了身体的疲劳，而且往往是焦虑使我们感到疲惫，并非身体真的很疲劳。看看那些付出了同样的劳动却没那么疲倦的保姆，只因为她们不用像父母那样投入那么多的情感。

为了解决焦虑的问题，与闺蜜分享自己的感受对妈妈们来说也非常重要，因为她们能够互相传授如何当好母亲的经验。比如你可能会听到："我女儿在 15 个月大的时候才学会走路，你看，你的儿子才 10 个月大，他不会走路也不要紧。"虽然这种交流不能减轻妈妈们身体上的疲倦，却可以大大缓解她们的焦虑。

我们所处的社会并不看重养育孩子这项极为重要又极为艰巨的任务所包含的价值。社会普遍错误地默认当妈妈是轻而易举的，人们认为只要在孩子面前，每位妈妈都会自动展现母爱本能，都能从中感到幸福。所有这一切误解，似乎都来源于女性天生带有母性的温柔。因此，妈妈们当然觉得没人懂得她们的付出，没人明白这些付出背后日复一日的操劳。

为了纠正这类错误，配偶以及妈妈们身边的人应该鼓励她们、赞扬她们，告诉她们做得有多么出色，以此来增强年轻妈妈们的信心。

抱怨

疲倦是一回事，抱怨自己没有时间则是另一回事。那么，为什么要将自己的疲倦和没时间怪罪在孩子头上，并在此基础上给自己平添负面情绪呢？毕竟在绝大多数情况下，生孩子是父母自己的选择。父母渴望有自己的孩子，这种渴望甚至超过了拥有世界上其他任何东西，父母甚至还会为孩子的出生选择吉日。要是他们的孩子被带走，那绝不是一种解脱，而是不可挽回的损失。既然我们知道孩子远非专横的独裁者，他们所需的只是时间和关心，那么为什么要抱怨孩子占用了我们的时间呢？

或者换一种说法，当我们决定去理发时，我们不会抱怨理发师还要给我们洗头，因为我们清楚理发的流程！再比如，当人们准备扬帆环游世界时，即使这场冒险是那么艰难又疲惫，也不会有人去责怪大海波涛汹涌，让人不得不小心掌舵才能确保正确的航向。同理，如果我们生了孩子，我们就一定要照顾好他们，而不是责备他们，或是不停抱怨为人父母有多艰难。

疲劳没有理由能够扼杀快乐。运动也会让人筋疲力尽，但正因为如此，运动才会是一种快乐，不是吗？就像旅行一样。事实上，并不是所有真正的快乐都令人疲惫不堪。孩子之所以成为被抱怨的对象，是因为父母的疲倦感是如此强烈，以至于他们无法平静下来，去体会、感受孩子给他们带来的快乐。

学会快乐

既然如此，母亲——因为一般来说主要涉及母亲——往往有必要学习如何与孩子相处以获得快乐，特别是如果她和自己的母亲之间缺少融洽的母女关系的话。由于她无法从童年的经历中得到启发，她不知道如何去爱自己的孩子。为了能够感受到与孩子在一起时的快乐，做妈妈的必须在精神上放下疲惫，想想自己喜欢跟孩子一起做的事，以及不喜欢跟孩子一起做的事。比如她在带孩子出去散步时、给孩子洗澡和唱歌时、跟孩子玩耍时能感到快乐，但在给孩子换尿布或喂奶时就没那么快乐。她可以尽可能选择那些能让自己感到快乐的部分，并把她没那么喜欢的部分委派给他人。例如，给孩子洗澡能让她高兴，但由于工作时间的冲突，洗澡的事情通常由保姆代劳。那么母亲可以考虑改变孩子洗澡的时间，自己给孩子洗澡，以将乐趣留给自己。母亲有必要优先考虑这些能使自己快乐的时刻，哪怕每天给孩子洗两次澡。一旦母亲感觉到并表达出自己的快乐，这种快乐就会不断加强。

简单来说，父母必须学会从照顾孩子这一过程中获得享受，同时接受自己成为纯粹的父母这一身份。

　　苏菲过去习惯于度假时带上保姆，以便能抽身与丈夫去酒吧、睡懒觉、享受二人世界。苏菲通常也会选择度假酒店，因为在那里他们可以把孩子留在托管中心。有一天，苏菲决定不带保姆去一个没有亲子俱乐部的地方，按照孩子的节奏来体验生活。也就是说，她和丈夫这一次要将全身心投入到孩子身上，与孩子一起吃饭、玩耍和睡觉。他们第一次为这过程中所感受到的难以置信的快乐而惊讶。首先，得到了他们全部关注的孩子是快乐的，因而也变得更加听话。其次，由于以往需要让孩子接受自己将被托管的事实，夫妻俩不得不给孩子做心理建设，这个过程中苏菲和丈夫在无意识中承受了焦虑、压力和内疚，而带上了孩子就完全没有这种心理负担。再次，即使以往他们彻底自由了，仍要注意着时间，好把孩子接回来，还得面对孩子那张因为没有和他们在一起而沮丧的小脸。所以这次的假期对他们来说反倒没有过去的假期那么累人。从此以后，苏菲夫妇会允许自己每年有那么几天的二人生活，那时便将孩子委托他人照顾；但当全家人一起出行时，他们就一心一意照顾好孩子。

　　所有的心理学家都认同，比起把所有的时间都花在孩子身上，和孩子一起度过快乐的时光更加重要。事实上，对于一个孩子来说，给他的父母带来快乐才最为重要，因为他能从中感受到自己在父母眼中是上天赐予的礼物和奇迹，这也将塑造他的自信心。

如果他觉得自己给父母带来的只有压力、疲劳或者无聊，那么他就会认为自己一文不值。

这也说明，那些无法融洽相处的父母与其为了孩子在一起彼此折磨，还不如离婚，因为这种貌合神离实际上是让孩子对父母的不幸负责。同时，我们更要避免给孩子贴上"扫兴的人"的标签，或让他成为受困扰的对象，因为由此带来的后遗症可能会伴随他直到成年。

比如让孩子觉得自己是有毒的人。

有一位非常英俊的 35 岁男子迟迟不愿结婚，因为他深信谁要是做了他的妻子，谁就不会得到幸福。他在一次心理咨询的过程中明白了自己为何会抱有这样的态度。他对心理医生说道，就是因为他，他的母亲才没能通过哲学教师资格考试，而当哲学老师是他母亲一生的梦想。心理医生反问他："这怎么会是因为你呢？她可以在你出生后的任何时间参加考试，对吧？所以你不用对此负责。她是在以你为借口，她让你觉得你需要对她的不幸负责，一直负责到今天。"

或者让孩子在成年后复制这种态度。

年轻且已婚的罗莎莉爱上了另一个已婚男人布鲁诺。布鲁诺经常说自己在小的时候受了多少煎熬，因为他的父母不停地强调他们是因为子女才没有选择分开，所以布鲁诺总是觉得自己得为他们的不幸负责。然而，罗莎莉为了和布鲁诺在一起，决定离婚，特别是当布鲁诺宣称自己对罗莎莉的爱比罗莎莉对他的爱更多。但是，当罗莎莉真的重回单身后，布鲁诺却改变了主意，他抛出了那个同样的理由："不，我还有我的孩子，我没法离婚。"

一个得以充分发展的孩子是一个能让父母快乐的孩子，因为这会使他确信自己是一个值得被爱的人。如果他还能唤起父母中与其性别相反的一方对他的爱，像对恋人般爱他，同时这种爱又不掺杂任何欲望，那他很可能在成年之后拥有完美的爱情生活。像这样的被父母关怀备至的幸运儿，他完全不能理解那些被情感破裂的父母抚养长大的孩子所面临的情感障碍。因此，母亲，或者是扮演母亲角色的人学会与孩子在一起时享受快乐是非常重要的。

综上所述，我们似乎应该转变简单地为自己留出时间的思维方式，并且"属于我的时间"这个概念应该受到质疑。我们要明白，为我们爱的人——无论是孩子、配偶还是朋友——所付出的时间，也是为我们自己付出的时间，因为他们增强了我们的幸福感，使得我们更加爱他们。

在孩子小的时候照顾他，
才能在孩子长大后少操点心

还有一个原因让我们应该视孩子为优先考虑的对象，并促使我们深入参与到孩子的教育之中，而且这一原因比起道德上的理由更加务实：因为这是家长想在孩子成年之后享受平静生活的唯一途径。事实上，我们倾注在孩子身上的心血越多，孩子就会成长得越健康；我们对孩子的照顾越少，孩子在成长过程中可能出现的问题就越多，甚至成年之后依旧问题不断。

如果你在孩子还小的时候不加以悉心照料，那么待他长大后，你肩负的担子会更加沉重。幼儿时期的孩子，由于他还过于脆弱和依赖父母，因此不会表现出自己的痛苦。从青春期开始，一旦孩子具备了一定能力，他就会补偿自己过去的缺失，这种补偿行为将表现为对自己或者对他人的攻击。所以有句谚语这样说道："孩子小麻烦小，孩子大麻烦大。"而且，教育一个 5 岁大的孩子相对来说比较容易，父母只需一点一点地纠正孩子干的无伤大雅的傻事，向孩子传递正确的价值观念，并教育孩子尊重他人。若孩子已经长到了十几岁，父母才想到要教育孩子，那时的教育工作就会困难得多，而且孩子那时犯下的错误可能会导致更严重的吸毒、偷盗或自残等行为出现。

如果父母在一个孩子生命的头 20 年里为他奉献了全部，那么这个孩子可以说是已经享受到了足够的爱与关怀，成年后的他便能够不再依赖父母的爱与关怀，他可以放心地离开家人真正长大成熟，而这就是独立自主的定义。同时，父母也能与已经成年的孩子保持融洽的关系，因为无论多大的孩子在父母眼里永远都是小孩，做父母的依旧会为他们操心。而一个童年缺少关注、缺少爱的孩子，他会用一辈子的时间试图回到父母身边去寻找自己曾经缺失的东西。

简而言之，父母对已经长大的孩子的影响力远没有对只有几岁的孩子的影响力大。因为一个从小就从父母那里接受了关注和爱，受到正确价值观影响的孩子，长大后就无须父母为他担心，也无须父母对他永久的管教。

反过来，如果父母在孩子年幼时对他不倾注关注，不悉心教育，那么孩子成年之后的生活状况是很值得人们担心的。观察一下周围那些手忙脚乱的父母们吧：他们的子女即便已经成年，但生活仍会出现各种问题，父母此时就要为自己在孩子童年时所犯的错误付出代价。再衡量一下这些父母为了弥补孩子的愚蠢行为所花费的精力，为了帮助无力负担自己生活的子女所花费的精力，以及为了弥补与子女的不良关系所花费的精力吧。

第六章

向孩子证明我们很重视他

当今之日，做父母的对他们孩子说的话根本不当回事。过去尊重年轻人的传统早成老古董了。

——奥斯卡·王尔德《真诚的重要性》（1895 年）

我们都明白，孩子需要的是感到被爱与理解。但是，光向孩子声称我们像珍惜自己的眼睛那样珍惜他还不够，我们必须用行动向他证明。因此，提高与孩子一起度过的时间的质量比仅增加与孩子在一起的时间长短更加有效。这一观点还需要在育儿过程中不断细化并付诸行动。

花在孩子身上的时间

实际上，在孩子眼中，父母花在他身上的时间就是父母是否关心他的一个标志。因此我们必须与孩子一起共度足够多的时间，以此表明他对我们有多重要。如果我们光说不做，则百无一用，然而这种情况非常普遍。试想一下，如果你的爱人逢人便夸你的方向感很好，但他在找路的时候从不咨询你的意见，或者他每次都走与你的建议相反的路线。那么，你完全有理由认为他实际上根本不信任你，而你也会立刻对自己产生怀疑。行为比话语更加有力，孩子会从家长的行为中推断出自己在父母眼中的重要程度，从而感受到自我价值。这种感受将构建并决定孩子自己照顾自己的方式，特别是在他青春期的时候。如果他觉得自己极有价值，那么他就会避免做出伤害自己的行为，避免将自己置于危险的境地。即便他无意中这样做了，从中脱逃的概率也很大。能否感受到自我价值对孩子如何成长与发展具有决定性作用。

同理，那些不愿花时间关注、倾听和理解孩子的父母，等同于将自己的孩子置于危险之中。因为当父母忽视孩子的情绪和感受时，孩子通常就会压抑自己的情绪和感受，直至麻木。而剥夺了对情绪的感知能力意味着剥夺了对孩子的身心平衡与人生成功极为重要的参照系。

15岁的加斯顿坦言自己饱受煎熬甚至到了自残的地步："我对什么都没有感觉，我什么也不是，我是虚无的。"加斯顿最后借由疼痛来恢复感受，只有疼痛才能让他感到自己还活着。

把时间优先留给孩子

另一个能让孩子感受到自己对父母的重要性的因素是孩子发现自己是父母优先考虑的对象。父母是否给予孩子优先权表现在他们是如何安排自己的时间的，比如父母尽可能优先选择陪伴孩子，而不是与好友外出。有些父母为了获得清净，从办公室回家便哄孩子睡觉；有些父母为了能在周末与另一半度假，总是将孩子委托给他人照顾。尽管这些父母在回应孩子的饮食、睡眠等基本需求时对孩子付出了情感关怀，但其实他们的表现在孩子眼中却是：父母懒得照顾他。这类父母的态度背后所隐含的信息是，他们认为孩子不值得占用他们过多的时间和关注。

还有一种灾难性的做法，就是父母只给予孩子最少的关注。即使他们曾向孩子保证任何时候都可以依靠父母，但孩子依然会把父母的行为理解成自己在他们的眼中毫无价值。

维克多是一个商人，他声称自己没有时间照管儿子。当儿子因急性腹膜炎而命悬一线时，维克多一刻也没有离开儿子的病床。他意识到，如果他在如此紧急的情况下能够设法调和工作和父亲角色之间的关系，那么他也应该在平日里继续这么做。这不仅仅是因为孩子不可避免地会因父亲不在身边而备受煎熬。另一个原因是，如果他只在孩子住院期间陪伴和照顾而不在平时多加照管，孩子会认为只有在自己濒临死亡时才能获得父亲的注意，这种想法会使孩子为吸引父亲的关注而故意置自己于危险之中。

给予孩子可量化且规律性的时间

为了让孩子能够识别并验证父母对自己的关心，父母有必要向孩子保证他们会有规律地、不间断地把自己的时间奉献给他。所以只对孩子偶尔表达一下关心是没有用的，例如只在有空的时候带孩子去饭店共进大餐，或者带他去看足球比赛，这些都不足以说服孩子他在父母眼中是很重要的。

实际上，孩子需要一个无论发生什么状况都不会变更的约定，例如每晚都能和父母在一起。如果父母离异，那么不常见到孩子的家长可以在每周三或是每个周末给孩子洗一个澡，或者和孩子共进午餐。家长应该愉悦地与孩子共处，而不是将其当成任务。

最重要的是，家长要在这些时刻忘记自己的教育职责，要明白花时间在孩子身上应该是无偿的、没有目的性、不计较得失的，在这段时间里只有交流和快乐。家长通过倾听孩子的心事，了解孩子一天过得如何，经历了什么，以此来向孩子表明自己的关心，而不只是询问孩子的成绩或者过多评论他的行为举止有没有礼貌。

孩子如何回答我们问他的问题其实并不重要。因为尽管孩子很少直接回答我们的问题，但他最后总会谈到自己，特别是当他的父母没有对他进行咄咄逼人的盘问，或者家长没有利用这个机会喋喋不休地说教或是灌输给他饮食或学习上的建议时。家长可以引出一些孩子可能会感兴趣的一般性话题，例如讨论班上同学受到的惩罚到底应不应该、有什么影响，或者讨论学校老师的性格。不要在与孩子共处的特殊时刻教育孩子，因为总会有其他的机会让父母对孩子进行教育，比如可以在孩子的行为出现问题的当下对其进行教育。

为陪伴注入能量

上述内容让我们认识到与孩子共度时光的质量的重要性。与孩子在一起时，父母确实有必要展现出他们通常为开会或网球比赛才会积蓄的能量。由于要忙于日常的琐事甚至难以抽身，父母也会被压力和疲劳耗尽能量，当他们与孩子在一起时所需要付出的注意力和专注力比起工作而言有过之而无不及。如果父母的注意力不够集中，如果他们任由自己感到精疲力竭或者心不在焉，就无法感受到与孩子在一起时的快乐，无法在与孩子的共度时光中得到享受。正如当一个人疲倦的时候无法从与朋友共进晚餐或者欣赏演出中获得享受一样。

这一点之所以至关重要，是因为孩子也需要父母在陪伴他的时候足够得专注，这样才能使他从这次父母的陪伴中得到的享受与满足一直延续到下一次。孩子完全能够感受到父母虽然就在身边，但心却不在自己身上。比如，父母为了自己清净而把孩子放在电视机或游戏机前，或者只沉迷于手机而不去照顾孩子，又或者在跟孩子交流的时候心不在焉、一心多用。如果是这些情况，孩子会像父母留他单独一个人的时候一样沮丧。受伤的孩子总会要求父母给予更多的陪伴和关注，而父母只能极不情愿地回应孩子的要求，因为他们觉得自己已经给了孩子他想要的陪伴或者关注。这便引发了恶性循环：孩子既是受害者又是骚扰者，父母既是施害者又是被骚扰者。

关心孩子

我们常常问自己：该如何关心孩子？答案很简单，我们要关注孩子的学业、留意孩子可能遇到的睡眠障碍、饮食障碍或者社交障碍，我们尤其还要关心孩子玩的是什么游戏、交往的朋友有哪些、想看的电影有哪些，以及有什么东西会令他感到害怕。我们还可以阅读孩子谈论的书籍、品尝孩子称赞过的饮料，或者去孩子推荐的餐厅。因为除非我们对孩子表现出兴趣，对孩子的意见表示尊重，否则我们就不可能向孩子证明他的重要性。父母必须在子女还小的时候就能达到以上要求，而不是等到孩子的兴趣点开始与父母南辕北辙时才去关心孩子。这是一种日积月累的因关爱而建立起来的亲子联结，它无法在孩子长到 30 岁时父母突然关心起他的工作或爱情生活时而被突然建立出来。这种珍贵的联结在任何情况下都无法从头再来，失去了也就失去了。

关心孩子还应懂得倾听孩子。孩子得到的关注越多，他的表达欲就会越强烈，有时甚至会语出惊人。他会发现大人的秘密而在不经意间脱口而出："你也和你的姐姐有矛盾吗？"或是提一些令大人们必须认真对待的要求。

我们与孩子的关系不应该是单向的。我们与孩子的双向交流要求我们与孩子在一起时时刻保持警觉，以便能够做出恰当的反应。有时候，孩子真正的需求与我们认为他应该有的需求是完全不同的。例如，当他感到难过时，会要求我们给予安慰，而我们却正在准备为他组织一场体育活动。所以我们必须为任何可能发生在孩子身上的状况做好准备，在这方面孩子和大人没有什么两样。想象一下，你的爱人在工作了一整天后疲惫地回到家中，而你却想着出去跳舞。向另一半证明他对我们的重要性的最好方法是放弃派对，陪在他身边，不是么？如果我们一意孤行地执行本来的计划，对方会对自己在爱人眼中的重要性更加敏感——即便我们本来计划带另一半去知名餐厅庆祝情人节。孩子也是一样，比起我们塞给他各种各样的礼物，带他去游乐场玩耍，孩子会因我们对他的专注、我们温柔的回应而获得更多的满足感。

回应孩子的需求

与很多人的观点相反，我们必须尽可能多地回应孩子的需求。这么做能向孩子表明他的想法很好，能帮助孩子塑造良好的自我感觉，从而避免他在日后的生活中陷入失败。我们要尊重孩子的需求，同样这也会使孩子尊重自己所提的要求。

如果我们不给孩子下达可能会干扰他身体机能运行和感知能力发挥的禁令，孩子自然会自己满足自我需求。他饿了就会吃，困了就会回房间睡觉，他会健康成长。如果我们给予孩子的正面回应越多，孩子提出的要求就会越合情合理。经常被倾听、被重视的孩子能正确地表达自己的要求，比如他会说"我需要一个拥抱"，而不是通过打碎盘子来迫使父母意识到他在闹脾气。

孩子 10 岁之后，他要是想做某些事情，可以不必经过我们的许可；孩子 10 岁以前，如果他胆怯地向我们提出一些既不紧急也不会引起严重后果的请求，我们应正面回应他 75% 的需求。当孩子发现父母取消外出是因为他曾请求他们陪在自己身边，或因为他说过自己在看到他们离开的时候会感到悲伤——当孩子发现父母能够为了他而改变日程时，很快就能懂得如何更有分寸地提出要求。

有一位在家办公的年轻妈妈经常让她 13 岁的儿子自己去看儿科医生，因为医生的诊所和他们家就在同一栋楼内。一天，儿子希望妈妈能陪他一起去看医生，于是这位妈妈取消了一位客户的预约。她用行动向儿子表明，她很重视儿子的请求。她也顺便向儿子说明了她本来是无法陪他去看医生的，因为她的工作并不是总允许她有这么多的灵活性，她不可能每次都取消预约。

接力的重要性

父母也同样需要得到他人的支持。为了在上班时间能有人照管孩子，也为了在身体上和精神上卸掉照顾孩子的重担，我们会让家庭的其他成员或者保姆帮忙照看孩子，或者会送孩子去托管班。这些代劳无论是偶尔的还是有规律的，都是有效且正当的，因为如果我们为了照顾孩子而与社会绝缘，反而会使抚养孩子变得更加困难。

严格筛选

考虑到孩子会在很大程度上受到周围人的影响和塑造，我们最有必要做的事情是对所有会跟孩子接触的人进行客观地筛选。父母必须对这些人的行为和思想做出评估，以便放心地让自己的孩子与他们在一起。

这并不意味着父母必须根据对方的威望和声誉来为孩子选择接触对象。一位素质较高的年轻女性往往比一位疲惫不堪、失去热情的专业保姆更适合照顾小孩。对于父母来说，最糟糕的情况就是完全依赖雇佣来的第三方，代替自己本该扮演的家长的角色。相反，父母应该在识人方面对自己有信心，相信自己的感觉以及孩子的反应，关注孩子的利益而不是自己的利益。

这也是对优秀父母的要求，他们应该知道：如果孩子与他人在一起时感到无聊、不舒服或被照顾不周，无论这个人是保姆、音乐老师还是夏令营的老师，父母自己才是需要为此负责的人。优秀的父母即使在有选择的情况下，例如在度假的时候，或者去电影院的时候，虽然他们完全可以把孩子交给托儿所或者保姆照看，但他们不会这么做。只要照顾孩子的人还不足以令他们完全信任，或是这个人身上哪怕只有一两处还不能令他们完全满意的地方，只要他们感受到了一丝的保留或不安，他们宁愿放弃自己的休闲时间，也要亲自照顾孩子，他们毫不害怕会被误解成扫兴之人。

寒假期间，凯瑟琳准备送她 5 岁的儿子去参加某个冬季体育项目俱乐部，因为儿子说他想要"真的学会滑雪"。她问滑雪俱乐部的教练员，他们俱乐部是否真的会让孩子滑雪，还是只是另一种形式的户外托儿所。教练员让凯瑟琳放心，他的儿子肯定能滑上雪。但是到最后他却说出了可疑的"玩雪"一词。凯瑟琳不太确定，她温和地问道："你愿意给我写下合同，保证我儿子真的会学滑雪吗？这样的话，我就可以把这张纸给他看，让他知道我的确问过了工作人员，也正如我答应他的那样。""呃！不行。"经理尴尬地答道，"孩子们的确整天都能待在雪地里，但他们每天只能滑两小时雪。"最后，凯瑟琳没有让她的儿子去这个滑雪俱乐部。凯瑟琳做得很对，如果孩子去了这个俱乐部，但最后发现无法整天滑雪，学不到滑雪的技巧，那么孩子会觉得家长是在敷衍他，而凯瑟琳的初衷是让孩子开心。父母理应让孩子感到开心，尤其是在节假日的时候。

父母不需要为了满足孩子的需求而全盘接受他的逻辑，只要做到不伤害孩子就够了。但是，凯瑟琳之所以选择对儿子的要求做出积极回应，是因为她优先考虑的对象是儿子而非自己，否则她可以把孩子托管到滑雪俱乐部，享受一些属于自己的时间。在凯瑟琳眼中，尊重孩子的想法带给她的同样是享受，她想让儿子在没有学业压力的假期中感到快乐。总有一天，她的儿子出于模仿的本能，也会想要让母亲感到快乐。再者，即使儿子最后为当初自己所做的决定感到后悔，那么也应当自己承担后果，而这会使他在提出下一个要求之前多加思考。

但在这种情况下，大多数父母会认为对孩子的逻辑做出评估至关重要，而他们可能会得出这样的结论：孩子的愿望不合理，孩子的要求太高了，甚至孩子被宠坏了，因为孩子应该对提供给他的东西感到满足。这些家长没有意识到，在愿望方面不存在合理或不合理之说。如果一个大人说他想在山上滑多少小时雪，不会有人想要质疑他的逻辑或愿望的合理性。所以，其实孩子远没有被宠坏，如果他对滑雪俱乐部提供的项目不感兴趣的话，不想参加也是正常的，家长也节省了一笔费用。

从中获益

求助于第三方的确能给家长带来诸多益处。实际上，让第三方承担一部分教养任务并非我们在万不得已时的选择，因为这么做对孩子也是益处良多。第三方的帮助可以弥补家长的不足之处，比如时间不够或耐心不够，尤其是能够分担一部分家务，还能弥补家长在艺术或体育技能方面的欠缺，或掩饰家长单纯对艺术或体育活动的无感。

所以，优秀的父母不是那些自己明明很讨厌户外运动却保证会陪孩子打球的父母，也不是那些自己在滑雪的时候头晕还坚持教孩子滑雪的父母。优秀的父母是那些能意识到自己的局限性，并善于利用第三方来弥补自身不足的父母，因为他们明白，孩子不应该承担由父母的局限而带来的后果。孩子应该拥有和他在一起感觉快乐的父母，也应该拥有积极能干让自己获益的老师。

家长应该充分利用这些第三方提供的便利，而这些第三方必须能与孩子产生最具教育意义的交流。选择课外活动是孩子发现并确认自己的兴趣的机会，也是孩子理解某些规则的机会，比如他必须坚持某项活动直到学期末，正如他最初承诺的那样。

因此我们可以引导孩子参加兴趣班，甚至敦促孩子持续参加某项兴趣活动，只要孩子能够保持兴趣并且能从中获得"我能做到"的认知。当一个8岁的孩子因为自己没能像预期的那样学会滑雪感到气恼而想要放弃的时候，我们可以鼓励他坚持学习直到假期结束，因为这样能促使他克服并战胜困难。但是，如果一个孩子对马有很深的恐惧，那么家长最好还是不要坚持一定要孩子学会马术。如果孩子不喜欢托管班，我们可以说服他留下来，让他明白他有能力熬过这无聊的一周，也可以向他承诺不会再强迫他参加这种托管班，这种做法同样很明智。简而言之，这是家长的判断问题，家长应毫不犹豫地利用相关专业人士的帮助，以发展孩子的能力。

第三方的介入其实还有一个好处：他们是中立的，他们并不像父母那样会把自己的无意识投射在孩子身上，所以他们可以通过让孩子离开父母的视线来帮助孩子建立自我平衡。因为即使父母的目光充满慈爱，它也可能成为枷锁。而且对于一个要与不良父母做斗争的孩子来说，第三方有助于他在家庭之外找到自己的平衡点。

对孩子诚实

当父母精疲力竭时，他们往往只想获得片刻宁静。当一个人把70％的时间用在自己的孩子身上，剩下30％的时间用于自我放松，这样的时间分配在一定程度上是合情合理的。父母应该接受这一点，并把自己的疲倦告诉孩子，而不是试图让孩子相信他们的一切行为都是为了他好。

还是前面提到的例子，如果凯瑟琳的目的是把滑雪学校当作托管学校以便获得清静的话，那么凯瑟琳把他们在山上度假的大部分时间都用来陪伴孩子之后。她完全可以对孩子说："虽然这里不是最理想的滑雪学校，我知道它并不符合你的要求，但是我想休息一下，所以你就每周去一次滑雪学校，或者每天在那里待一小时吧。"

同样地，父母必须告诉孩子，由于自己在学校放假期间不能亲自照顾他，所以不得不把他送去托管班。或者告诉孩子由于家里没有足够的钱请孩子喜欢的老师单独补课，所以他不得不去参加那个他并不喜欢的老师的培训班。向孩子解释生活的现实是家长教育工作的一部分，让孩子了解父母面临的问题是家长重视孩子的表现。孩子会为自己在父母眼里是有价值的谈话对象，为自己能够毫无怨言地接受第三方的代劳来替父母分忧而感到骄傲。

警惕教育借口

家长不要受流行的教育观念影响而自欺欺人，因为有些观念往往会将各种不管孩子的行为免责化、常态化。

以培养社交能力为借口

3岁以下的孩子并没有社交的需求。因此，在孩子长大到可以从社交中获益的年龄之前，让他与其他孩子接触的作用并不大。如果家长是为了继续工作而选择托管孩子，比如雇佣保姆，或是将孩子送去幼儿园这类非常可靠的托管机构，都能起到很大的帮助作用，因为专业的保姆和幼儿园能够确保孩子的成长和安全。但是，一些父母在他们不工作的时候依旧把孩子委托给第三方照顾，这就是在滥用培养孩子社交能力这一流行观点。他们自欺欺人地认为孩子会喜欢这种社交体验，但对孩子来说，这种体验丝毫没有益处。只有父母才是唯一的受益者，因为他们可以暂时卸下照顾孩子的重担。

诚然，让孩子寻找同伴也是他探索世界的途径之一，如同让他发现自然、音乐或书本一样，但对年幼的孩子，只有当时间长短合适且有家长在场时，这些探索才能称得上对孩子有益。

克洛伊的母亲赛琳娜有一天在海边酒店配套的托儿所里碰到了一个小男孩，这个男孩正跟他的妈妈抱怨道："我都已经放假了，你还让我上学！"这位母亲非但没有觉得自己的行为应该受到质疑，反而责怪自己的儿子不合群。而后她又试图说服还在犹豫的克洛伊也报名参加："你为什么不想报名？看看我儿子，他很喜欢这里！"

当别的家长的做法与自己的做法不一样时，有些家长就会觉得为难，因为他们会怀疑自己是否做出了正确的选择。因此，不愿意在孩子身上花时间和精力的父母对那些犹豫着要不要把孩子送到托管班或让孩子一整天待在幼儿园里的家长施加了令人难以置信的压力。

为了让孩子的社交能力更强，父母应该加倍关注孩子，而不是强迫孩子去接触外界。因为当孩子觉得自己能够独立自主的应对外界挑战的那一天到来时，他会毫不犹豫地这么做。所以我们必须等到孩子主动要求和其他孩子一起玩的那一天的到来，告诉他："去和你的朋友们一起玩吧，我就不打扰你了。"或者告诉他"如果你想去就去吧"。这代表我们尊重他的愿望，而不是父母想摆脱他。这与父母不管孩子是否乐意，硬把他推向别的孩子然后悄悄离开的做法完全不一样。

这一原则适用于所有情况，例如关于慷慨的问题。传统观念认为，孩子要慷慨大方，就必须从小养成帮助父母的习惯。事实上，孩子从出生到 20 岁前有权在家人面前表现得自私而不被质疑，更不该被压制或受到严厉批评，因为孩子只能付出他所拥有的东西。孩子需要这一切来构建自我。这意味着父母要更多考虑孩子的需求和愿望，而不是自己的，哪怕只是父母想亲吻自己的孩子，因为这也只是为了取悦他们自己而已。

以独立自主为借口

与培养社交能力同理，很多家长会以培养孩子独立自主能力为由使自己在不照顾孩子的时候不会感到内疚。我们应当明白的是，所有教育的目的都是为了确保孩子在时机恰当的时候能够离开父母，实现独立自主。但真正的独立自主是孩子自己要求获得的独立自主，尤其当他处在青春期的时候。在这时，虽然孩子想要独立是正当的行为，但父母却为此感到害怕，因为这不可避免会令他们陷入焦虑的折磨之中。在孩子还小的时候父母强烈希望他具备自主能力，从孩子的角度来看这种愿望毫无意义。那些宣扬要从小培养孩子自主能力的父母，目的只是为了可以逃避照顾孩子的重担，同时又不用对孩子说"你想干吗就干吗，让我安静一会"，其实后者是更为诚实的做法。父母滥用培养独立性的借口的出发点往往不在于孩子的自主性，而在于父母不想管教孩子。

想要一个孩子从小就知道怎么自娱自乐，怎么照顾自己，这是不是很荒唐？正因为 9 个月大的孩子既不会走路，也不知道如何独自玩耍，所以他需要有人背着他，有人带他一起玩。除非等孩子再长大些，有了自主生活的能力，否则过早让孩子独立等于是在给孩子施加精神上的痛苦，使他陷入困境，因为孩子的情感发展还没有达到能够实现独立自主的程度。他当然可以被迫做到独立自主，但为此要付出什么代价呢？这就像过早让孩子学习走路一样，孩子的确能学会走路，但他的腿可能会因此变成罗圈腿。因此，送很小的孩子去托管班不会有任何成效，除非你确信孩子有能力处理家人缺席的状况，但这种能力在 6 岁或 7 岁以下的孩子身上极为少见。

所以最好等到孩子成熟以后再传授他独立自主的经验，因为当他到了可以借鉴、想要借鉴我们经验的年纪，当他有了安全感时，他才会从这些经验中吸取更多的教训。只要时机到了，孩子就会变得独立自主。也就是当独立自主所需的必要条件都得到满足的时候，即孩子得到了父母足够的关爱和陪伴后，他就会利用充分的自由时间来构建自我。

想象一下，你要收拾行李出发去某个地方。如果所有的衣服都在手边，你就能很快地整理好行李然后出门。如果我藏起了你的衬衫和袜子，你就得找一会，由于你找不到它们了，而它们是你旅途中的必需品，所以你就不会走了。这堪称一个让你留下来的绝妙方法，如果我不想让你离开我，我就会藏好你的所有物品。回到小孩子的情况，如果一个孩子的母亲没有给他足够的爱，他就会一直待在家里，直到找到缺失的爱。

以教育为借口

最后一个有关教育的老生常谈的话题是让孩子参加兴趣班，这在父母的教育观念中占有相当重的分量。不过，家长们也该扪心自问一下，这样做是为了自己的利益还是孩子的利益。

照顾孩子绝不意味着要通过给孩子报柔道课、钢琴课、声乐课或英语课来过度占用孩子的时间。首先，与显而易见的事实截然相反的是，家长给孩子报兴趣班与其说是满足孩子想要学点什么的需求，还不如说是父母为孩子创造了这个需求。其次，这么做可以消除家长作为教育者的疑虑，使家长自己安心。由于家长担心自己做得不够好，他们有时会与其他家长进行激烈的比拼，攀比各自为孩子安排的活动的数量、多样性和独创性。换句话说，家长以教学为借口满足了自己的欲望，解决了自己的焦虑，孩子没有任何可以按自己的节奏来发展兴趣和展现个性的时间。想让孩子发展属于自己的兴趣和个性，没有什么是比让他感到无聊更好的方法了。无聊对孩子构建自我，找到自己的道路，表达自己的个性来说必不可少，我们必须留给孩子这样的时间。如果家长一直占用孩子的时间，让孩子无法喘息甚至没有时间感到无聊，那么他就会成为被父母的愿望所编排之人。

我们该如何分清哪些是孩子的兴趣，哪些是父母的兴趣呢？例如，为了防止孩子有溺水的危险而让孩子在很小的时候就去学游泳，或者为了让他能融入节日或家庭氛围而让孩子上滑雪课、网球课和钢琴课，这些做法都合情合理。但是，把孩子打造成在客人面前表演的"小猴"、演奏能手或出色的运动员，只因为在父母眼里这能让自己更有面子，对于孩子来说就是对他的不尊重。

实际上，父母的意图才是关键。强迫孩子参加活动可能是出于家长对孩子的担心，因为父母坚信必须在竞争日益激烈的世界中保障孩子的未来。他们对成功的渴望促使他们给孩子的兴趣设下了过高的标准，这也意味着对孩子提出更多的要求。虽然这么做有诸多缺陷，但这也是为了孩子的利益考虑，因而还算合情合理。每个人的成功观都有很大的差别，具体如何去做也取决于父母所处的文化、环境和背景。

有一位法国男士娶了一位韩国太太，他质疑妻子给他们的孩子施加了太大的学业压力。在韩国，11岁的孩子需要参加考试以决定他们能否继续学业，但在法国，学生在高中毕业会考之前都没有类似的考试，所以他们家的矛盾很难解决，因为父母双方都没错。父亲觉得像这样的学业压力有点不可思议，尤其在法国更是没有必要；而母亲则希望能给自己孩子的未来多一份保障，因为在亚洲，孩子一般会在学业上面临很大的压力。

但是对许多家长来说，无论他们承认与否，给孩子增加兴趣活动的主要目的就是把管教孩子的责任丢给保姆或者老师。因为他们想要在不工作的时候有属于自己的时间；或由于没有和孩子建立真正深厚的关系，所以不知道与孩子在一起时做些什么；或只是纯粹觉得自己还有更重要的事情要做。当他们带孩子出去和朋友一起吃饭时，虽然他们觉得自己是和孩子在一起的，但实际上却把孩子带到餐桌一角，安置在同样被父母弃之不顾的孩子旁边，然后以自己的孩子是与同龄孩子在一起为借口而省心不少。如果父母不顾孩子的利益，置自己的爱情生活、社会生活、文化生活于优先地位，这等于是在告诉孩子他是没有价值的人。这种对自我价值的轻视，伴随着强烈的内疚感，将会跟随孩子一生。这让孩子觉得自己肯定会把事情搞砸，并且因此会表现出无能的一面，成为一个不受欢迎、应受谴责的人，好让父母放弃他。

第七章

给孩子立规矩

儿童是一株需要扶持的脆弱树苗。

——索斯提尼斯·德·拉罗什富科－杜多维尔
《思想与箴言之书》（1861 年）

当你在不应该严厉的时候态度严厉，你就再也不知道该在何时表现严厉。

——约瑟夫·儒贝尔《思想录》。

父母很少意识到自己的童年在他们为人父母的行为中所起的作用，因此他们要么成为专制的家长，要么成为放任的家长，以使自己的行为合乎教育逻辑，但这两种截然不同的方式都会对孩子造成伤害。

专制行不通

专制乍看上去似乎是一种有效的方法。因为它可以让父母按自己的想法即时塑造孩子的行为；其次，专制实施起来非常简单，简单到不需要为适应环境、适应孩子的年龄或性格而对它做任何改变。但是专制也有缺陷。

儒勒·列那尔在他的自传体小说《胡萝卜须》中描述了在他还是小孩子的时候遭受的各种侮辱，他的母亲总是欺负甚至虐待他，把他当成了名副其实的出气筒。

他渴求的只是有人能爱他，他不明白为何母亲要让他受到这些屈辱。最后，他决定再也不爱母亲了，他甚至希望自己成为孤儿。为了逃离虐待，他让母亲送他去了寄宿学校上学。只有在那一天，母亲哭了……

适得其反

专制有很大的缺陷，它会起到反作用，因为专制更像是一种会对孩子产生灾难性影响的教训手段，而不是教育手段。事实上，如果孩子立即服从父母的命令是因为父母一系列的暴力和侮辱使他们和子女之间建立起了畏惧和敌对的关系，那么长此以往，孩子也会变成父母眼中的样子。这些父母之所以如此严厉，是因为他们不信任自己的孩子："他会搞恶作剧，他会蒙骗我，他会任由自己懒惰下去……"因此他们会对孩子做出负面的假设："他是个骗子，狡猾又懒惰。"以至于父母的所作所为很可能会导致孩子变成父母最不希望他成为的人，或做出父母最不希望他做出的事。

诱发谎言和隐瞒

专制还会诱发谎言，对一个试图避免受到父母惩罚的孩子来说，他不可避免会撒谎，有时甚至不顾谎言的可信度。

就像这位女士一样，她从小就被禁止吃冰淇淋，但她还是和表妹偷偷买来冰淇淋吃。有一天，她在冰淇淋店迎面撞上了奶奶的一位朋友。她吓坏了，她怕这位先生会向奶奶告状，因此她当着表妹的面，撒了一个荒谬至极的谎来解释为什么手里会有一只蛋卷冰淇淋，而一旁的表妹一脸错愕。

专制更严重的后果是引发刻意隐瞒。一个不敢跟父母说话的孩子，怎么可能告诉父母他遇到的那些更为严重的事，比如骚扰、勒索或性虐待。所以父母有必要时常为孩子操心，不要因为孩子总是看起来很高兴的样子，好像从来没有出现过问题就觉得万事大吉。孩子要么是出于保护父母的原因，因为他认为父母太脆弱了，以至于他不能让自己的疑惑和问题麻烦到他们；要么是出于他对父母的畏惧，所以不愿冒险向他们诉说。一个身心健康的孩子总是会表达出自己的问题和观点，如果他说了谎，也只是就一些小事而撒谎，或者只是单纯地不愿意说而已。比如当被问及"你在学校里做了什么"的时候，他回答说"什么也没做"，那只是因为他没有讲述的欲望。

剥夺孩子内心的"晴雨表"

以上弊端还不是全部，专制会让孩子的重心错位，使孩子总是根据大人的"胡萝卜加大棒"策略来行事，而不是学会相信自己的判断和感觉，而这些才应该成为孩子内心的"晴雨表"。

这会变得非常危险，诸如"你得尊重大人，按照我们说的去做"这样的命令会造成巨大的伤害。或者像"闭嘴""待在你的位置上"以及"你以为自己是谁？"这样的命令，都会导致孩子屈服而不是做出恰当的反应。

此外，专制还会压制孩子的所有感受，因为父母拒绝给孩子考虑自我感受的权力。孩子的感受就像孩子的欲望一样，一旦被父母破坏了，孩子也会在他日后生活的各个方面扼杀它，因为他的父母从来都不重视它。

阿黛尔不明白为什么自己从来都感受不到任何欲望，甚至到了为自己什么都无所谓而恐慌的地步。最后她才明白，因为她想起小时候母亲每天在她吃点心的时候都会问："你想吃巧克力面包还是华夫饼？"待她回答后，母亲又会反驳道："算了！你什么都别吃，因为你又从来都不会主动要。"

这种欲望的缺失很可能会导致孩子持续性的麻木不仁，甚至是抑郁。一旦孩子压抑自我，即便是在成年后，他也很难恢复自我的欲望。

恐惧或痛苦的感受也是一样，专制的父母也会通过要求孩子"不要自作主张"来压制他的这些感受，所以他们常常以锻炼孩子为借口强迫孩子做他害怕的事情。但如果父母没有扼杀孩子内心的感知信号，那么孩子就会养成关注自己的身体反应并自己照顾好自己的习惯，尤其是当他感受到了自己的宝贵价值之后。这样的孩子不会冒不必要的风险，不会伤害自己，并且在他开始感到煎熬的时候会立即提醒父母，从而避开那些抗拒聆听自己内心的人会面临的诸多问题，而后者往往会以不负责任的行为收场。

让－弗朗索瓦，印度后裔，30 岁，他的母亲是一个护士，在他小时候母亲从来都不在意儿子的身体，她不断告诉儿子："印度人永远不会生病。"但有一天，在一次滑翔伞训练中，让－弗朗索瓦坠落在地，但他奇迹般地只摔伤了肩膀。他没有把疼痛放在心上，继续训练，直到两天后他的教官要求他进行检查，因为他的肩膀已经肿成原来的三倍大了。检查结果是弗郎索瓦的锁骨、肩胛骨和肱骨都断了。

最后，专制的父母以同样的方式扼制了孩子的所有情绪，孩子的这些情绪会以其他方式表现出来：身心出现健康问题或置自己于越来越危险的境地。

《哈罗德和莫德》中的主人公哈罗德试图吸引母亲的注意。

上寄宿学校的时候，哈罗德在一场化学实验中引发了爆炸，然后他回到家躲了起来。警方向崩溃的哈罗德的母亲宣布了他的死讯。哈罗德闻听此事后竟说："我才发现，死亡让我特别快乐。"

就在那天，哈罗德知道了母亲在听到他的死讯时的悲伤程度。

后来，这个年轻人在母亲面前上演了一出又一出伪装自己死亡的闹剧，母亲也渐渐对他的行为无动于衷。假装自杀成了哈罗德最喜欢的游戏，直到他在参加陌生人的葬礼时，遇到了 79 岁的老妇人莫德。

死神在等候着这位老妇人，却启发并吸引着哈罗德。

当哈罗德继续着自己的"自杀"闹剧时，莫德让他走入了她的古怪生活，最终使他不再执着于靠伪装打破母亲的冷漠。

放任也行不通

所有证明专制行不通的原因并不能同时证明放任的道路是可行的。因为社会已向我们清楚地表明，从教育的一个极端到另一个极端，从"按我告诉你的去做"突然转向"做任何你想做的事"，同样不会使孩子取得成功。

对孩子的背叛

乍看起来，放任似乎比专制更加善意，也没有专制那么严厉。因为放任是父母出于渴望被孩子爱，或者是因为害怕与孩子发生冲突而做出的。所以放任似乎能够被理解，顶多被称为可以饶恕的懦弱。但放任其实构成了一种虐待，因为这等同于剥夺了孩子塑造自我所必需的界限，父母的这种失职是对孩子的真正背叛。

首先，一个缺乏限制和规矩的孩子会陷入一种焦虑状态，他只有在找到界限后才能摆脱焦虑，这不可避免地会导致他将自己的行为底线一再降低。其次，放任孩子等于是从孩子身上夺走能将他塑造成一个完整成年人所不可或缺的模具，让他沦为一无所有之人。

罗斯有两个女儿，她们分别是 3 岁和 5 岁，母女三人一起去旅行时，女儿们因为要跟着母亲参加一个项目而闷闷不乐，尽管这个项目是专为她们的年龄和兴趣设计的。当罗斯看到她的女儿们玩着她从街边小贩那里买来的雨伞，终于开怀大笑的时候，她也很高兴。但是当天空开始下雨时，大女儿梅拉妮还在玩伞，不肯把伞给她的母亲撑。起初，罗斯犹豫了一下，因为她不想责备女儿，破坏女儿的好心情。但是最后，她的责任感还是使她提高了声调，要求梅拉妮分享她的雨伞。这对于梅拉妮来说是一次教训，就像罗斯在教育女儿的过程中给她上的所有课一样，都是为了防止梅拉妮将来成为一个自私的人而被周围人厌恶。

因此，绝对有必要谴责一个行为不端、没有教养、自命不凡、冷酷无情或是对他人缺乏关心或尊重的孩子。就像前面的例子所示，那些表面上看似并不严重的行为都应受到限制，即使是年龄还小的孩子犯下的看上去无关紧要的小错。要想正确判断孩子行为的对错，就必须想象如果这个行为是一个青少年或一个成年人做出来的会怎样。如果是难以容忍的，那么我们就可以得出这样的结论：这种行为再继续下去就会害了孩子，因此必须对其进行教育。梅拉妮的例子就是这样，如果她到了 18 岁还以这种方式行事的话，那实在是难以容忍，类似的行为还有孩子打人或吃东西的时候闭不上嘴。如果孩子不懂得控制自己的行为，或者对他人没有礼貌、缺乏尊重的话，那么等他长大后，他就不会被周围的人接受或欣赏。

但是，如果说我们对一个 5 岁或者 8 岁的小孩提出批评是件容易的事，那么当孩子长到 18 岁或者 28 岁的时候，再对他进行批评就困难得多了，特别是如果我们之前从来没有批评过他的话。所以，如果你在孩子 5 岁的时候不对他进行管教，那么孩子年龄越大，你就越不可能管教得了他。也就是说，父母得尽早教育有错误行为的孩子，因为任由孩子在自己的错误行为中越陷越深是不可原谅的，必将对孩子造成危害。

这也很好地解释了为什么熊孩子那么不受欢迎，甚至被人抨击。那些懦弱、溺爱和放任自己孩子的父母应该三思而后行。除非他们认为孩子无法改变自己的行为、无法从父母的教育中获益，或者完全不关心孩子的前途，不然他们的放任态度完全说不过去。

任性

谈到放任，我们头脑中的第一反应并不是父母的失职，而是他们屈从于孩子任性的脾气。然而，如果任性并不是父母眼中孩子过分或者不合理的愿望，那么任性是指什么呢？

这是一个被普遍称为任性的经典形象：超市里，孩子因为想要一块巧克力而大喊大叫。孩子想要的某个东西并不会使他的父母感到困扰，或者他并没有不合时宜地向父母讨要，这算任性吗？可能不算，因为我们都有渴望吃巧克力的时候，甚至这种强烈的愿望就经常发生在超市里，毕竟超市就是为了这种冲动而设计的。因此，把这个行为看作是孩子无理取闹，则非常不公平。

那么，问题可能出在孩子通过尖叫的方式来获取他想要的东西。其实，如果父母像重视自己的欲望那样重视孩子想吃巧克力的欲望，孩子也不会再大喊大叫了。我们要接受和理解孩子的这种欲望，然后再决定是否接受孩子的请求。

事实上，即使孩子的愿望是合理的，也并不意味着父母就一定要满足他的欲望。父母的特权是保留拒绝的权利，但必须要给出拒绝的理由，比如"我不希望你吃零食"，或者"我不想花这个钱"，又或者"我不喜欢你吃甜的"。可见，父母有这么多有效的回答，而一味对孩子说"你这么任性"起不到任何作用。那些不愿意向自己的孩子解释原因的父母，当孩子抱怨痛苦时他们也会回应道："不会吧？"

换句话说，父母可能会过度使用任性这个词，应该将孩子的需要和愿望视为人之常情，这与放任没有任何关系。

奥利维亚4岁的女儿晚上做噩梦时总是把她吵醒，为此奥利维亚很是烦恼。她对心理医生说："她太任性了，总想爬到我们的床上。"而当她告诉医生，几天前由于她做了噩梦，所以把丈夫叫醒以寻求安慰，她的心理医生回答道："在这种情况下，您的任性比您女儿的任性更让我担心，因为她只有4岁，而您已经39岁了。"

保罗向他的哥哥查尔斯抱怨自己的孩子不知感恩，因为他带孩子们去加利福尼亚玩，但他们并不满意这趟旅行。查尔斯对他侄子们的态度有些惊讶，因为他觉得他们都很可爱，因此查尔斯问道："他们期盼去加利福尼亚旅行有很长时间了吗？"保罗回答说："他们没有要求去加利福尼亚玩，但这是一个非常棒的行程。"查尔斯反驳道，不知感恩的意思是得到了自己想要的东西后却不知感谢，但他的侄子们并不属于这种情况。他们没有被宠坏，也没有忘恩负义，为何查尔斯要用孩子作为自己去旅行的借口？他应该直接告诉他们："不管你们乐不乐意，我们都要去加州。"

礼物

关于放任还有一个老生常谈的观点，那就是给孩子太多礼物会宠坏孩子。真正意义上的宠坏孩子是毁掉这个孩子，给孩子太多礼物也会导致这种后果。因为父母这种表面上的慷慨也是在满足他们自己的施与乐趣，而这等于是在扼杀孩子的欲望，从而剥夺孩子生活的动力。这还不是毁掉孩子的唯一方法，父母出于某种原则或出于残忍而什么也不给孩子，其实是在以同样的方式毁掉孩子，即扼杀孩子的欲望。这样的孩子知道自己永远没有如愿以偿的机会，所以他只能求助于他唯一能做的以免受苦，那就是扼制自己的欲望以使自己不再感受到欲望。因此，礼物的数量才是关键，给孩子太多礼物反而会削弱孩子的快乐，因为礼物的价值在于它的稀缺性。

尽管如此，送礼的方式也很重要。送孩子礼物要有正当的理由，这点毋庸置疑。因为当礼物是一种奖赏时，孩子会为了得到它而开始奋斗，这使他有机会克服困难并获得成功。因此，礼物带来的快乐同时又伴随着孩子实现自我超越后感到的愉悦。

此外，礼物要与父母的收入水平无关，无论礼物价格如何，它本身并不重要。事实上，孩子更需要的是爱、关注与陪伴，而不仅仅是物化的礼物。当父母用礼物弥补自己亏欠孩子的关爱和陪伴时，礼物就会出现问题，因为这样的礼物承载着亏欠，这样的亲子关系是不健康的。

它导致的严重后果是孩子会发脾气，提的要求与礼物本身无关，而是与他所缺失的东西有关。孩子因而会将情感转嫁到物质上去，这也解释了为什么会出现购物狂、偷窃癖以及其他对物质的失控行为，而这些问题可能会一直伴随孩子到成年。

如果我们给予孩子的是他真正需要的东西，那么这样的礼物就不会变质。孩子会为拥有它而感到欢喜，或为没有得到而感到遗憾，但最重要的本质——心理上的安全感不会缺失。

显示权威

不管是专制还是放任都行不通。但建立了以上认识之后，父母们的问题并不能得到解决，他们最后往往会在这两种态度之间摇摆不定。因此有必要为他们提供另一种彰显权威的方法，同时该方法又以保证孩子的利益为前提。

提出禁令

孩子需要限制，这便决定了父母需要表现出一定的权威，而且这种权威要符合孩子可识别的逻辑。因此，父母应该下达明确且坚定的禁令，以使孩子理解并内化。在执行的方式上，父母也要言行一致，这样一来孩子才能有所从，有所不从，进而构建自我。

那么要禁止些什么呢？家长最好从孩子的利益出发进行考虑，阻止孩子伤害自己或者他人，不管这种伤害是肉体上的还是精神上的。家长要反复教导孩子包括礼仪在内的友善行为，以及这些规矩背后的道德价值。

因此，这些禁令必须涉及所有可能会在当下或是将来对孩子不利的行为，即使这些行为的轻重缓急各不相同。比如把手指放进电源插座里，或是置自己于危险的境地。不做功课、抽烟，甚至虐待周围的人，比如恶劣地对待他人，说他人坏话，或者无视他人。

家长必须表现出不允许任何例外或者妥协的决心，从而使这些禁令得以执行。尽管家长向孩子解释这些禁令是非常重要的，但当孩子年龄尚小或还不够成熟无法理解时，父母必须使禁令带有专制性，告诉孩子："不行就是不行，这没有什么原因！"

预测孩子的反应

延迟满足孩子的要求

父母的禁令越少，他们的威严会越大。父母应该毫不妥协地执行自己定下的规矩，如果孩子没有做违反禁令的事，那么家长可以满足孩子75%的要求。正如我在前一章所指出的那样，模仿和互惠是孩子的行为方式，因此孩子也会对父母表现出同样的善意并倾听他们的心声。

尽管如此，满足孩子的要求并不意味着立刻满足。有时候父母最好在满足孩子的要求之前等待一段时间，因为急于满足孩子的要求会让孩子日后越发急不可耐。而少量的挫折可以教导孩子，让孩子明白他不会总能得到他想要的一切，至少不是马上就能得到。

当父母忙于家务的时候，可以把想要被大人抱在怀里的孩子放在一边，或者父母可以稍微迟些满足孩子当下的需要。这样孩子就会意识到，他的要求不会每次都能立即实现。父母需要学习如何掌控这类挫折的剂量。对孩子来说，生活中所经历的挫折不宜过多，才能得到积极的结果。一旦孩子不再把期待和不愉快联系在一起，他就能学会挫折管理，但如果他的期望总是以痛苦结束，那他就会被挫折压垮。

管教

当孩子的行为出现问题而父母希望停止这类行为时，就必须管教孩子。

所以，一个每天晚上都闹个不停的 2 岁孩子，需要被告知"够了"。那些以尊重孩子的感受为借口，害怕让孩子受伤而不敢管教孩子的父母，不该因此让步，因为父母的威严对于孩子安全感的建立至关重要。如果任由孩子发号施令，就等于是在告诉他：父母并不比他强大，所以无法指导或保护他。这会引起孩子深深的焦虑。

前文谈到，孩子患了睡眠障碍，夜间经常醒来其实是为了满足父母无意识中的欲望，这并不与此处的观点矛盾。因为不论我们明不明白孩子患睡眠障碍的原因，也不知道这是否是他服从我们的一种方式，我们都不能任由这种情况发展下去。所以父母最好命令孩子再次入睡，告诉他"你必须睡觉"，这样孩子才能逐渐找回自己睡眠的节奏。

即使孩子只有 15 个月大，如果他打了妈妈，或者用头撞墙，家长都应该毫不犹豫地斥责他，比如对他说："你干的蠢事我一点兴趣也没有，马上停下来。"这么做会起作用的，因为孩子其实非常务实，如果一个行为没有带来积极的结果，他就会放弃这个行为。但是，如果父母非但没有斥责他，反而表现出担心，孩子就会立即感觉到，并由此认为自己有了操纵父母的力量。之后，他会想要通过顶撞父母来再次使用这种力量。

中庸或忽视

过犹不及。重要的是父母在评估孩子的行为时，要从好的方面去考虑，如果孩子的行为并无危害性，那么父母不必给予明确反馈。如果宝宝因为摇篮 10 分钟没动而拒绝入睡，那他的母亲最好为孩子牺牲一下自己的时间，因为这并不是什么严重的事。何况孩子能够根据照料者的不同而改变自己的行为，比如他与母亲相处时提的需求会比对祖母的多，或者相反。也就是说，这种可能对周围人造成疲劳或时间安排方面问题的行为不会构成他性格中的一部分时，这些行为是允许存在的。

有时候父母最好的回应方式是忽视孩子的某些行为。

4 岁的马提亚有一个当营养师的妈妈，他觉得母亲不关心他，因此他宣称"我不饿"以吸引她的注意。但他的母亲丝毫没有在意，马提亚坚持道："难道你就不在乎吗？""是的，完全不在乎！"他的母亲回答说，"如果你不饿，就别吃，很简单的道理。"马提亚只好说："好的，那么我现在饿了。"

惩罚

不过，父母有时候还需要采取适度惩罚的手段。理想的情况是父母的惩罚力度与孩子所犯的错误成正比。

在一部加拿大的情景喜剧中，有一幕上演的是一个女人要求她十几岁的儿子整理自己的房间，却被儿子反问道："为什么要整理？这没任何意义，反正3个小时后房间又会变乱的。"在下一个场景中，儿子问妈妈什么时候给他做饭，这位母亲回答道："为什么要做饭？这没任何意义，反正你在3个小时后又会饿的。"听了母亲这番话，这个惊呆了的少年说道："好吧，我会去整理我的房间，但你也要给我做饭。"

实际上，这位母亲只是要让儿子明白他说出的话会造成什么影响。惩罚必须是为了这个目的而设计，是为了让孩子知道自己行为的后果，因为我们并不愿看到日后孩子直接承受这些后果。

例如，一个小孩偷了别人东西，所以他的父母要求他归还物品，并写一封道歉信给失主，而且一个月内都不允许他玩电子游戏。他的父母这么做是因为他们不希望日后把他带到警察局让他真的去承担严重的后果。

只有当严厉是为了孩子的利益时，严厉才有意义。因此，家长在设计惩罚措施时必须时刻提醒自己不要试图侮辱或者控制孩子。

上个例子中的父母并没有对孩子实施体罚，或者一年之内都禁止孩子玩电子游戏。如果父母的惩罚让孩子感到的是羞辱，或者惩罚力度过重，这样的惩罚反而变成了他们想要控制孩子而不是教育孩子。

当然，这与父母愤怒到极点而条件反射般地诉诸暴力没有任何关系，愤怒的父母有时会下意识地打孩子耳光或者打孩子的屁股。而这只不过是在承认他们自己的无能，因为他们不知道如何表达情绪，尤其是愤怒的情绪，所以他们通过暴力来掩饰自己无能为力的状态。最重要的是父母要在事后先向孩子道歉，然后对自己的暴力行为进行反省，父母要将这种行为解释为自己的失控，而不是给它冠以任何教育的借口，以免自己重蹈覆辙。

有选择地战斗

父母的权威除了指在孩子心目中树立的威信，还有什么呢？还有技能、智慧、知识和经验。所以父母的权威是非常宝贵的资本，父母最好慎重地使用自己的权威。父母在与孩子持续的交流过程中，孩子为了构建自我会不断挑战他的父母，而父母应尽可能地扮演提供参考和建议的角色。正如我们所看到的那样，过于严苛的教育会导致孩子越来越糟，孩子会通过危险的方式来反抗他的父母。

所以为了保持权威的效用和影响力，父母必须谨慎而有选择地战斗。父母只需让孩子遵守他们认为的最为重要的几条基本原则即可，不必像许多家长那样，把自己的权威降级到睡觉时间、食物或兄弟姐妹间的矛盾这类次要问题上。因为如果父母总是扯着嗓门要求孩子必须整理房间或者吃蔬菜，他们的权威会大打折扣，以至于孩子将不再重视父母在重要问题或重大危机下提出的意见。

就像这位母亲，她坚持只在原则问题上使用家长权威，过云她经常因为女儿痴迷名牌而与女儿起冲突，而不为女儿学业上的成功以及社交上的受欢迎感到高兴。幸而她很快发现了自己的愚蠢行为，或者说是发现了自己无视孩子利益的控制欲望。

此外，父母在这些问题上使用权威几乎总是适得其反，因为它给孩子造成的挫折会带来反噬后果。事实上，每个人都不禁会渴望那些拒他于门外的东西。因此，简单地禁止孩子吃蛋糕，或者强迫他吃蔬菜、早睡觉所产生的后果就是使孩子对蛋糕产生难以抗拒的渴望，对蔬菜则产生持久性的厌恶，而固定的睡觉时间成了孩子不安、烦扰或焦虑的根源。

同样地，当父母规定了孩子可以吃多少颗糖或者可以玩多少小时电子游戏时，孩子所有的心思和精力都只会用于遵守、规避或违反这些规矩。这就使得父母与孩子之间的交流只围绕着这些规矩展开，而不是进行更深层次的沟通。这还阻碍了孩子亲自感受和发现他的过度行为所带来的坏处：如果无节制地食用糖果，我就会对糖产生厌恶，还会长蛀牙；而玩太多电子游戏会让我与世隔绝、浪费大量时间，以及让我产生错觉——我的行为不会造成任何后果，因为我在游戏中所杀死和摧毁的人物总是能复活并重新站起来。所以父母最好有分寸地制定这些规矩，他们最好为孩子制定一个有吸引力且有教益的方案来替代他的不良习惯，比如建议一家人一起做蛋糕、玩纸牌游戏或踢球赛。因为孩子在与家长的这类互动中所发现的乐趣，比起单单让他遵守规矩，能更容易也更持久地让孩子接受并遵守。

餐桌

许多父母都会给孩子规定该吃什么，遗憾的是这会导致家长和子女之间的关系紧张。当今所有的营养学家都认为：一个被灌输了大量饮食建议的人，都会对自己身体所显示出的饥饿感和饱腹感产生不信任，从而增加了患上焦虑症或饮食障碍的风险。所以那些被迫吃蔬菜的孩子就会对蔬菜没了胃口，就像那些被禁止吃糖果的孩子一样，他们最后会偷着吃，或者对糖产生不理智的欲望。至于那些受到严格饮食限制的孩子，最后会狼吞虎咽地吃掉一整块巧克力，因为以前他们没法吃到或者只能吃到一点点巧克力。

因此，父母明智的做法是对孩子保持耐心，不要把本应是乐趣的食物变成压力。例如，可以与孩子一起吃一顿美好又温暖的饭菜，给孩子提供一份搭配均衡的菜单。如果可能的话把食物做得美味些，但不要对食物的营养含量发表评论，不要强迫不饿或者不想吃饭的孩子吃饭，也不要为此就给他准备别的东西。可以肯定的是，孩子天性中的好奇心最终会让他对面前重复出现的食物感兴趣，比如蔬菜和水果。如果父母自己也能从吃蔬菜和水果中获得乐趣，孩子的兴趣就会更大。

餐桌礼仪也是如此。愤怒的家长光粗暴地重复着"坐直了，吃的时候合上嘴"是没有用的，其实更好的方法是时不时会心地提醒孩子。并且家长自己也要在孩子面前以身作则，因为在餐桌礼仪方面，榜样的力量非常有效。请牢记，孩子很可能已经将这些饭桌上的规矩内化，当他在祖父母家或被邀请去其他人家里时，会在饭桌上表现得很得体。

床

在孩子什么时候该睡觉的问题上，父母与孩子也会产生争执，他们之间的权力关系成为双方输赢的关键，孩子对睡眠的设想也会由此改变，因为父母让本该是甜美舒缓的时刻变得焦虑和暴躁。孩子累了就会睡觉，如果哪一天晚上他没有睡够，他很快就会明白自己第二天需要早点去睡觉，可惜父母总是横加干涉。

为什么父母要介入呢？父母当然知道早点入睡有益于孩子的生长发育，但是父母没有明确说出来的是，很多时候他们也很累，很想获得宁静和放松。孩子能够感受到父母的想法，但如果父母没有诚实地说出自己的想法，孩子还会把父母的这种行为解释为对他的惩罚，而且他很可能是对的。因为正如我们在前文已经看到的那样，父母为了报复，便复制上一辈的行为，或者给自己的孩子制造他们当初所经历的痛苦，通常他们要求孩子睡觉的时间正是他们小时候不得不去睡觉的时间。所以一般来说，父母只要意识到了这一点，他们就能停止把孩子的睡觉问题变成争论输赢与对错的战场。

孩子完全能够理解父母不想照顾他的心情，所以他会同意上床睡觉。但前提是那天他的父母花了足够多的时间陪在他身边，且他们诚实地告诉他，父母也很累，想要安静和放松。但父母也不要太过频繁地对孩子说出这番话，因为这同样是在否认孩子的存在价值。父母完全可以离开孩子的房间，但不是为了强迫孩子提前入睡，而是为了让孩子做他想做的事。例如父母可以对孩子说："在你睡觉之前，你就在自己的房间里做你想做的事，因为我想要安静一会。"孩子喜欢父母对他的坦诚，尤其是当孩子长大后做了与父母同样的事情时，他不会为此而感到内疚，比如离开父母去和朋友开派对，或者在成年后自己搬出去住。

家务

　　家务劳动是父母和孩子之间的另一只拦路虎。孩子需要构建自我，就必须拥有足够多的时间来按照自己的节奏成长。无所事事甚至百无聊赖，这在今天的孩子身上越来越少见，因为孩子的时间正在被学校、家庭作业、课外活动和各种形式的电子屏幕所占据。

　　让孩子参与家务是否具有教育意义呢？让孩子明白他得管好自己东西的最好办法就是让他体会到不这么做所带来的坏处。例如，他会注意到，如果之前没有整理好自己的物品，他就很难再找到他要找的东西，或者如果他没有盖好笔盖，钢笔就会写不出字。因此，父母应该停止长期规律性地为孩子收拾房间，如果他们忍受不了孩子房间的脏乱，可以偶尔代为整理，但不要以教育为理由强迫孩子收拾自己的房间。

至于做家务是否具有什么象征意义还有待证明。因为对一个孩子来说，让他从小就习惯于帮助父母，这对他在成年以后成为乐于助人的人毫无用处，甚至还会适得其反。父母只有尊重孩子，孩子才能够尊重他人。也就是说，父母从小就要尊重孩子的需要，为了让孩子可以安静地成长而免除让他做那些大人才要干的杂事。父母可以诚恳地问孩子是否愿意帮他们一个忙，孩子会乐意帮忙的，但父母不要强迫孩子帮助，更不要明明是在利用孩子，却口口声声说这是为了他好。

兄弟姐妹

最后，父母经常会在兄弟姐妹的问题上浪费自己的权威。遗憾的是，他们的责任本该是通过避免在孩子中间引起嫉妒来团结兄弟姐妹，因为嫉妒心既不是在无意识中产生的，也不是无法避免的。

从最小的孩子出生的那一刻开始，父母就得让年龄较大的孩子感受到弟弟或妹妹的到来并不会改变父母对他的爱和关注。父母要避免说这样的话："我不能像以前那样照顾你了，你必须把你的位置留给宝宝。"而且与我们通常所主张的正相反，当年龄较大的孩子的需求与宝宝的需求同时发生时，大人应该在宝宝刚出生的头几个月里优先考虑更大的孩子。因为宝宝可以多等几分钟让大人给他喂奶或换尿布，而年龄较大的孩子需要通过有形且可理解的证据来确保自己的位置没有受到威胁。如果孩子对自己的地位感到放心，他就没有理由继续焦虑下去，他会在婴儿哭泣的时候提醒母亲去照顾弟弟妹妹，他也会在牛奶煮开的时候提醒母亲关火，因为他明白这么做的必要性。

但父母也必须尽可能少地干涉孩子之间的关系，他们只需要认可哥哥姐姐对新生儿的自发反应："哦，是的！这样的态度就是一个当哥哥或者当姐姐的态度。"而不是给孩子指定一个负责保护宝宝的角色，或者给他一个榜样去学习。父母要避免在年龄较大的孩子成长过程中，过多地要求他帮助照顾最小的孩子。首先是因为孩子的角色不是保姆，他也不应该被当作免费的劳动力；再者，他在情感或智力上还不具备承担该任务所需的能力，因此这项任务对他来说没有任何教育意义。

最后，父母不应该对孩子的纠纷进行仲裁，当子女之间无法达成和解的时候，父母也要尽可能少地介入，即只干涉30％的子女纠纷。因为父母介入的同时也会扰乱孩子的感受。父母的介入会让孩子失去分寸，而原本孩子能够控制他们之间争端的暴力程度和发生频率，他们完全可以在不过分伤害彼此的前提下打架，就像小狗会掂量自己的腿力和咬力一样。总之，父母的介入会带来新的问题。

　　况且家长常常不了解情况，他们为了让孩子停止争吵而贸然闯入，很可能会错误地认为年龄大的孩子该对此事负责，但有时最小的孩子才是犯错的人。这样不仅会使父母失去权威地位，还会勾起孩子之间的互相怨恨。

　　因此，如果家长想要干预的话，最好的办法不是对子女之间的纠纷进行仲裁，而是要确保孩子们能自己达成和解。例如，父母可以对孩子说："你们没有义务和解，但你们有义务不让我恼火，所以你们就待在房间里，别再跟对方说话。"孩子们很可能会出于孤独而不管父母的禁令，试着在大人不注意的时候互相说话，最后忘记之前为什么会彼此不和。

　　父母必须警惕自己无意中在孩子之间挑起的嫉妒心。

　　马尔泰是三个孩子的母亲，她邀请了朋友内奥米吃午餐。席间她让两个年龄大的孩子别说话，因为他们6周大的小妹妹正在隔壁睡觉，然后她问内奥米是否想要吃点沙拉。内奥米对马尔泰做了噤声的手势，示意她可以使用墙上挂着的魔术板来交流。内奥米后来解释说，如果马尔泰不允许自己的两个大孩子说话以免吵醒宝宝，那么每个人都应该闭嘴，包括她们两个大人，否则马尔泰这样做只会挑起两个孩子对小妹妹的怨恨。

　　更重要的是，兄弟姐妹之间的关系为他们提供了一个独特的空间。在这个空间里，他们可以互相抱怨、互相安慰，同时保护彼此免受父母的惩罚，这一空间使他们更加强大，更有能力跨越生活中的阻碍。这也解释了为什么我们经常能发现年龄较大的孩子会比年龄较小的孩子更不安，因为年龄小的孩子在哥哥姐姐的保护下已获得了安全感。

青春期

青春期是孩子与父母发生对抗的一个微妙时期。此时孩子产生了反对父母的需要，父母不应该逃避。重要的是父母要坚定自己的立场，成为孩子眼中稳定的支柱，因为此时孩子的身体和心理正在发生变化。

但让这种对抗恶化为冲突是不可取的，所以父母们必须首先减少他们对孩子未来的担忧，因为孩子的道路要由他自己摸索。家长不必为孩子过多地规定行为，也不要建议孩子应该选择什么学校或职业，因为这就等于是在替他做决定。此外，孩子很可能已经内化了父母的教育。父母必须冷静地在他们希望看到孩子成为什么样的人，以及他们允许孩子成为什么样的人之间做出判断。

此外，父母必须再一次有选择地战斗。但与前一个阶段不同的是，之前父母必须在本质问题上而不是次要问题上反对他们的孩子，现在他们必须反过来。父母应该有技巧地、委婉地批评孩子，例如批评孩子的衣着品味或反对孩子的政治观点，但不要在像学业这样的重要问题上批评他。因为当学习成为孩子与父母之间战争的导火索时，被父母质疑成绩不好的孩子很可能会在学习上一败涂地。所以，父母应该毫不犹豫地在无关紧要的问题上大胆提出反对意见，如果对孩子的音乐品味感到厌烦，最好表达出来。比如，父母可以无所顾忌地对孩子说："把这吵人的音乐声音关小点！"或者告诉他："我不喜欢你听的音乐。"

这的确与大部分家长的做法截然相反，因为他们往往是在重大问题上对孩子揪着不放。但他们会试图与孩子在某些方面达成默契，希望能借这种默契缓和同孩子的对抗关系。比如有些父母为了当"很酷的"家长，会假装很喜欢孩子听的音乐。但是孩子并不想要这样的默契，他更希望父母是和自己截然不同的上一代人，就像老式游戏一样陈旧。如果父母明白这一点的话，他就不会想把自己所有的时间都浪费在一个青春期的孩子身上，孩子也不用为自己产生不想和父母待在一起的愿望而感到内疚。所以家长必须抵制年轻主义的诱惑，不必刻意寻求与孩子成为朋友。因为这么一来，青少年就更想要与父母那一代人划清界限，其做法就将是做一些比父母那一代人曾做过的更叛逆的事。

第八章
与孩子建立联结

在各个年龄段，榜样都对我们产生着惊人的影响。在童年时期，榜样无所不能。

——芬乃伦《论女孩的教育》(1687年)

教育旨在给我们提供想法，优良的教育旨在使这些想法与能力相匹配。

——孟德斯鸠《论影响精神和性格的原因》

比起批评，孩子更需要榜样。

——约瑟夫·儒贝尔《论教育》(Ⅲ)(1866年)

家长往往会认为，如果承认孩子的要求是合理的，等同于放弃了自己的权威。因此，他们觉得自己有权粗暴地对待任性的孩子。结果就是，这些家长甚至都没有意识到，自己对待孩子的态度比隔壁邻居还要糟糕。高水准和成功的教育关键在于父母与孩子建立起联结，所以我们必须明白：孩子有自己的需求、痛苦和欲望，家长必须把孩子当成一个完整的人来对待，考虑他的要求。同时保证自己处于能够决定是否满足孩子要求的主导地位，因为在任何情况下，家长都不应该允许孩子为所欲为。父母需要付出更多的努力，需要进行更多的反思来学习尊重孩子。特别是如果父母自己童年时代没有得到上一代的尊重的话，会觉得尊重孩子是荒谬的，甚至难以理解和领会尊重的意义。因此，我需要在此对父母与孩子建立的联结类型作进一步解释。

交流

父母必须与孩子建立经常性的交流。一个健康的孩子会不停地问父母问题，比如关于他自己的生活以及父母生活的各种问题。家长必须坦诚地回答孩子有关一切方面的问题，甚至是那些被认为是与孩子"无关"的问题。因为除了父母的性生活应该成为禁忌话题之外，对于孩子来说不应该存在禁忌的话题。所以父母应该跟孩子谈论一切，只要注意让自己的话语符合孩子的年龄和认知能力。

事实上，孩子提出问题只是试图验证他在成人世界中所感知到的东西，最终他需要转向那些直接与他相关的东西，以及他更感兴趣的东西。而当他父母的反应恰好与他的感觉一致时，他就会转向其他事情，而且在很大程度上应该由孩子来决定什么与他有关，什么又与他无关。

当孩子提出问题之后，就会提出要求。父母与孩子之间的绝大部分交流都应该围绕着孩子的要求展开。正如我们在前文中所看到的那样，父母要尽可能经常地接受孩子的请求。而家长给出的积极回应也会对孩子产生教育意义，甚至包括那些不太符合传统的教育意义。例如，孩子在超市里要求父母给他买巧克力，父母可以同意给他吃一些，甚至任由孩子狂吃巧克力直到对巧克力感到反胃，这样孩子才会明白适度的好处。这与父母出于软弱或厌烦而对孩子做出让步的态度截然不同，这要求父母先思考自己的立场和自己教育观的优先级，将孩子的需求放在首位，以做到回应孩子需求时的态度前后一致。父母不应该软弱地对孩子做出三次让步之后，第四次却无缘无故地拒绝他。更何况孩子具有敏锐的是非判断力和逻辑能力，他能立即发现父母给出的理由中存在的漏洞。

但是，家长完全没有必要成为永不犯错的人。首先，对孩子来说，如果父母太过完美，他会被压得喘不过气来。其次，当家长犯了错——对自己说过的话食言、对自己做过的事反悔时，家长向孩子承认错误的态度也是在给孩子上一堂有关反思的课，促使孩子像家长那样勇于承认错误。若父母坚持自己的错误，孩子会因父母缺乏判断力或洞察力而感到恐慌，也不会再听父母的话，因为他无法再信任他们。

16 岁的约瑟夫就遇到了这种情况，他的父母特别希望他能通过高中理科会考，所以他们告诉约瑟夫，如果他没能通过就无法学习经济学。也许在他父母的那个年代的确是这样，但现在情况早已不同了。在约瑟夫眼中，父母的这种态度使他们失去了信誉，直到父母发现自己的言论是错误的，并坦诚地向约瑟夫说出了自己的想法，向他承认错误，约瑟夫对父母的印象才有所改观。

父母也有措手不及、不知道该怎么办、不知道该说什么或不知作何反应的权利，他们应该让孩子知道这一点。

19 岁的纳森是商校预科班的学生，他的一个老师辱骂他"像猪一样邋遢"，纳森觉得这是对他的侮辱，所以他向父母求助。但是纳森的父母也像他一样被这位老师的语言暴力所震惊，他们不知道该给儿子什么建议。

于是他们向朋友询问了这类预科学校的惯例。他们了解到，这类学校的教育理念是让学生的优秀品质经受住自己好斗冲动的考验，以使他们能够承受竞争的压力。父母把这些告诉了纳森，并告诉儿子他已经是大人了，还得由他自己决定如何了结这桩事：拒绝接受老师的行为方式并转学，或者不对这一侮辱耿耿于怀，继续留在学校接受其高水平的教育。

父母与孩子之间的交流绝不能是单向的。高效的交流应该能够引起观点的碰撞，使孩子在交流的过程中学会思考和磨砺自己的观点。这就要求父母对孩子坦诚，也就是说视孩子为有价值的对话者，而不要一味地赞同以取悦孩子、获得清净或避免冲突。当孩子的论点比他们的更正确时，父母要对他表示赞同；当孩子的知识欠缺时，父母可以传授相应的知识以转变孩子的观念。

热娜维埃芙不让她9岁的儿子埃里克单独去上学，埃里克为此提出抗议。他认为母亲的做法很矛盾，因为热娜维埃芙常常对他说妈妈信任他，可在独自上学的问题上，她就推翻了对儿子的信任。热娜维埃芙向儿子承认自己的言行不一致，她也告诉埃里克，她需要一些时间来考虑这个问题，然后再做决定。在埃里克看来，母亲现在的做法是对自己的尊重。所以当热娜维埃芙后来告诉他一个9岁孩子的认知和判断力存在的局限时，埃里克感到心悦诚服。热娜维埃芙不仅论证了禁令的合理性，又让儿子相信：母亲是信任他的。

这个例子很有意思，因为它表明即使在彼此尊重的前提下，父母与孩子之间的交流也会引起对抗，甚至是冲突，但我们不应该对此感到害怕。在这样的交流过程中，父母必须履行自己作为教育者的职责，并让孩子对自己的判断力有信心，从而使孩子能够在人际交往以及未来的职业生涯中以同样的方式为他人提供建议。如此一来，父母在孩子眼里也获得了信誉和权威，孩子不会在父母对他提意见的时候怀疑父母只是一心想要说服他。

少年阿莫里想去蹦极，却被他的母亲阻止了，因为她对儿子太不放心了。阿莫里后来放弃了蹦极，因为他自己也发现了，他的母亲曾多次表现出要努力克服对自己的不放心。阿莫里很清楚母亲禁止他蹦极并非出于恶意，他不想让母亲为自己担心。

因此，这种看上去问题很多但却必不可少的交流，就是父母与子女建立牢固而持久的信任与尊重关系的关键。

传承

父母的角色并不止于此，因为父母有责任利用这种交流把他们所知道的一切以及他们的所有想法传达给孩子。

价值观

首先需要传递的是价值观。我们的社会以及大部分信仰都认为最重要的价值观是关爱他人。对人类这种社会性动物来说，这是最基本的人道主义价值观。我们正处在一个比以往任何时候都更需要关心他人的社会，如果每个人都能够支持或帮助身边的人，我们的社会就会得到改善。父母当然也有责任让未来的社会更加美好，其方法就是向孩子传递工作的意义、努力的意义，以及在这个艰难的世界里生存所必需的公民责任感。

父母传递价值观就像教授孩子外语一样，孩子在学习的过程中必须一点一滴地将他们的价值观内化，而这需要父母不断地对孩子进行解释和重复。但父母不要像布道和演讲一样向孩子灌输价值观念，而是应该在生活的点滴细节中教导孩子。

家长最好利用日常发生的事件来向孩子解释、评论和表明他们的观念。例如，为了使孩子懂得做人应该说到做到，父母可以禁止孩子取消之前已经答应了的邀请，即使他给自己安排了另一个更为有趣的活动。无论父母看重的是什么品质，是努力工作、尊重他人，还是荣誉感或正义感，父母都必须日复一日地捍卫这些价值。不给孩子破坏这些价值的机会，在孩子犯错的时候及时纠正，并在他正确行事的时候给予鼓励。

如果连父母本人都不尊重这些价值观，那么这一切都不会起作用。就像学习外语的最好方法就是尽量模仿那些母语是这门外语的人一样，孩子内化道德的最好方法就是模仿在道德约束下生活的人。而孩子无时无刻不在模仿自己的父母。

父母必须为自己的孩子树立榜样，使孩子能够亲眼看到父母不仅仅是在鼓吹善心，他们的确会付诸行动帮助他人。不论是在广场上、在超市里或是在地铁上，不论那些人是丑陋的、残疾的，还是无家可归的，父母都会关心并帮助他人。简言之，父母要向孩子指出行善的做法，让孩子可以一点一滴地将其内化。

同样地，父母要明确地告诉孩子他们对讲真话的重视，并通过使自己的言行一致来向孩子证明言必行、行必果。而想要让孩子讲真话，父母首先必须信任自己的孩子。

丽贝卡 7 岁的女儿维奥莱特告诉她，家里的保姆打了她的弟弟，于是丽贝卡当场就辞退了这个保姆，并对维奥莱特说："你看，我相信你说的话，但是你要对你说的话负责。"一个星期后，维奥莱特又向丽贝卡报告了新来的保姆的情况。丽贝卡问道："你确定吗？"维奥莱特马上改口道："啊！不，我只是开个玩笑。"

事实上，给孩子树立榜样，意味着父母对待孩子的方式就是他们希望孩子对待他人的方式。如果我们善待孩子、尊重孩子，那么他会通过模仿我们的行为而善待他的朋友，未来他还会善待他自己的孩子和周围所有的人。

知识

为了向孩子传达自己的价值观，父母还要传授给他必要的知识，以便孩子能够思考和理解世界是如何运作的。

吉特莉和 5 岁的儿子迪米特里一起在街上散步，他们看见一个没有系安全带的孩子正坐在车的前排座椅上，吉特莉惊呼道："像这样的家长，就应该没收他们的孩子！"迪米特里听后说道："首先得吊销他们的驾照。"

家长要与孩子谈论一切话题：政治、文学、历史、经济、植物学或者艺术，甚至是楼里住户们的生活。同时让这种沟通处于孩子的理解能力范围之内，即让自己的解释符合孩子的年龄阶段和认知水平，从而逐渐教会他观察、分析和反思。这就要求父母必须了解孩子的情感和智力发展水平，不断观察和倾听孩子。另外，父母千万不要像正式上课一样给孩子传授知识，而应当在孩子看电视新闻或上网搜索时，问他对相关问题的看法。即使孩子因缺乏必要的知识而无法给出自己的观点，但当他经过几次这样的讨论训练后，终将能够提出自己的观点。事实上，孩子越长大，他感兴趣的领域就越多。他会想去了解新闻时事或者发生在他周围的事件，所以父母与孩子讨论的内容应该是他关心的话题。为了让孩子了解世界的复杂运作过程，父母还得根据孩子的年龄阶段调整所要传授的知识。父母千万不要给孩子提供一个阉割版本的现实，这不利于孩子的全面思考。所以，家长可以跟孩子聊暴力，聊互联网，还有关于吸毒、失业、艾滋病和恋童癖等话题。对孩子来说，这是促使他理解周围世界从而思想成熟的最好方式。那些抱怨孩子不成熟的父母只能怪自己，如果他们能跟孩子坦诚对话，孩子会更加成熟。

人际交往的秘诀

考虑到孩子以后要在没有父母的陪伴下在社会上生存，父母必须授之以渔，教会孩子如何与他人交往。首先，与世隔绝或对他人漠不关心都是痛苦或患病的征兆；其次，一个身心健康的人需要接触外界。所以父母应该鼓励自己的孩子积极进行人际交往。那些身心平衡、乐观、尊重他人的孩子往往都是那些乐于接触外界的人。孩子通过与父母的接触锻炼了自己的头脑，但他还要发展其他的技能，比如良好的判断力或者幽默感，这会使他受到别人的欢迎，使他在将为之做出贡献的社会中找到自己的位置。

孩子在接触他人之前，必须学会理解他人和换位思考。因此，父母必须让孩子学会识别和分析自己的情绪以及周围人的情绪。

6岁的亚历克西斯把当天发生在自己身上的遭遇告诉了母亲：保姆带他和他的朋友一起去了麦当劳，这本身就是一件大事，因为他只被允许偶尔去吃麦当劳。当保姆问他想吃什么的时候，由于他正在跟保姆怄气，所以他回答道："我什么都不要吃。"亚历克西斯希望此举能激起保姆的反应，但是保姆一点也不为所动。因为亚历克西斯的父母要求过她不要强迫孩子吃饭，所以她对亚历克西斯说："好吧，没问题。"然后就转身为他的朋友点餐去了。这让亚历克西斯很是泄气，他向母亲承认道："其实我想吃巨无霸汉堡。"母亲对儿子说道："所以你从这件事中得到了教训了吧，当你想要惹恼别人的时候，小心搬起石头砸了自己的脚"。

为了让孩子能够对他人的情绪感同身受，父母应该每天跟孩子一起尽可能地回忆他遇到的人以及这些人各自的情绪，比如超市收银员在没素质的客户面前的沮丧，朋友失去亲人后的悲伤，或者一位暴脾气的老太太的愤怒。父母不要给孩子看经过伪装的人和事，那些被粉饰过的现实很可能会误导孩子。

然而，这恰恰是如今的大人常给孩子看的东西。他们希望传递给孩子一种道德的、积极的行为模式，于是否认世界还有消极或应受谴责的一面。他们展现给孩子的是世界应该变成的样子，而不是它当下真实的样子。

孩子过生日时，如果只邀请了三四个趣味相投的同学来他家吃生日蛋糕，家长或老师就会要求他必须邀请班上所有的孩子，甚至是那些他不喜欢的同学。这就是父母和学校正在做的事，他们的理由是孩子应该爱每个人。其实，这是种灾难性的想法。首先，因为他们忘记了孩子需要学习的最基本的价值观是他必须尊重每个人，而不是爱每个人。其次，他们否认敌意，他们强迫孩子虚伪地对他人表示友好，而这种虚假行为要求孩子必须压抑自己想做出不友好行为的冲动，但是被掩盖和压抑的冲动只会一触即发。如果孩子的冲动能够得到正视，那么释放冲动也会变得更为容易。

因此，这种极具道德感的世界观反而会引发更为剧烈的反作用。我们不用对此感到惊异，美国的中学平均每年都会发生 3 起青少年枪击案，这些愤怒的青少年在教室里扣下扳机进行屠杀。如果这些犯罪的青少年能够认识到自己的社交问题，那么这种灾难或许就不会发生。如果青少年分不清楚友情和敌意，学校就有责任教会他们如何分辨。我们必须要教会孩子什么是好的行为，什么是坏的行为，教孩子如何表达异议，告诉他不和、争吵和伤害三者之间的细微差异。

8 岁男孩恩佐被邀请到亚历克西娅家过周末。在恩佐看来，这个周末过得非常愉快，他与亚历克西娅也相处得很好。但是当下个周末亚历克西娅庆祝生日时，恩佐没有收到邀请，所以他找到亚历克西娅想知道原因。亚历克西娅告诉恩佐，她最好的朋友塔玛拉不喜欢他，塔玛拉还说，如果恩佐要来，她就不来了。所以亚历克西娅选择了塔玛拉，因为塔玛拉是她最好的好朋友。"啊！好吧，我明白了，我可以理解。"恩佐简单地回答道。对他来说，这个解释他完全可以接受。

同样地，父母必须抛开时下的这类观点，即父母不应该告诉孩子大人之间的分歧，理由是父母在任何情况下都必须站在同一战线上，以免孩子没有安全感。其实孩子完全能够理解父母持有不同的观点，尤其是当父母很和睦时，持不同观点的父母也很容易达成一致。所以母亲完全可以对自己的孩子说："虽然我不赞同你父亲硬要你去做弥撒。但是，这对他很重要，所以你还是去吧。"或者告诉他："我不同意你父亲对你的惩罚，所以我会去和他谈谈。"父母在意见不同时的互动能教会孩子如何面对与自己意见不同的人，以及在必要的时候如何捍卫自己的观点。如果父母中的一方认为另一方对孩子有失公平，那么他为了捍卫孩子而明确表达出反对另一方的意见，对孩子来说也极为重要。

这种态度在夫妻不和甚至是离婚的情况下同样有效。我们已经在前文中看到，孩子需要亲耳听到父母确认他的所知所感。当然，父母不应该对孩子讲自己前任的坏话来发泄自己的情绪，不应该热衷于使前任配偶的形象在孩子的眼中崩塌。但是，有时家长又会错误地认为：为了保护孩子，不能告诉孩子真相，比如父亲不支付孩子的抚养费，父亲没有说想过来看他或带他去度假，母亲行为不端等。但是孩子能感觉到这些，只是他无法完全确定，他不知道自己是否有权这样去想父母。因此，家长还是应该通过向孩子说明完整的事实来验证他的感受，这样孩子才会明白这是父亲或母亲的问题，并非他的问题，也就能更加容易地克服这样的问题。告诉孩子有关父母的真相对他来说也是一种解脱，因为靠掩盖真相根本无法阻止孩子的痛苦，只会让孩子深陷困惑之中难以自拔。

为了能够向孩子解释某一情况，父母要先对情况进行分析，并表现出辨别对错所必需的批判精神。这意味着父母得做好抛开成见的准备，因为如今人们普遍对这种评判他人或事情的行为持批判态度，但这种短视的成见只会导致人的见识短浅以及人与人之间的冷漠。而且，如果父母认为自己对事情没有判断或者批评的权利，那么孩子向父母学习分析和鉴别的宝贵机会也会因此而消失。

给孩子建议并捍卫孩子

孩子需要父母对他无条件地支持。为了向孩子证明这一点，父母要在日常生活中像律师一样为孩子提供建议与辩护。这就意味着不管在何种情况之下，父母都应承诺会站在孩子的一边，当孩子犯错的时候，不为他找寻借口，也不会对他横加责难。同时父母还要遵守严格的道德规范，以具体行动向孩子表明自己的诚实。

弗洛伦斯与儿子劳伦特的前女友克洛蒂尔德还保持着联系。弗洛伦斯出于同情以及个人意愿站在了克洛蒂尔德的那一边，没有顾及这种态度可能会给儿子造成的困扰，因为劳伦特很可能会感觉母亲背叛了自己。

不可否认的是，弗洛伦斯也因为与克洛蒂尔德的友谊而重获了年轻洒脱的感觉。然而，她同时也牺牲了儿子的利益，因为她挤入了一段与她没有任何关联的关系中间。最糟糕的是，维持这段友谊就相当于表明弗洛伦斯打败了劳伦特，她成功地与克洛蒂尔德保持了良好的关系，而劳伦特在这件事上却失败了。所以要想站在儿子那一边，弗洛伦斯就得与克洛蒂尔德断掉联系，或者至少在两人每次见面时都告知自己的儿子。

如果父母的某个朋友对他们的孩子不好，父母同样需要站在孩子那一边。

有一天，奥菲丽打电话给她父母的画家朋友马塞尔，因为她想在父母结婚二十周年的时候送他们一幅油画。但是，马塞尔在电话里不客气地回答道，奥菲丽得去跟画廊沟通，而且如果她没有足够的钱买他的作品，更没有必要直接打电话给他。奥菲丽将马塞尔的无礼态度告诉了父母，但是他们并没有听进去，依然邀请马塞尔前来做客。他们没有意识到自己在朋友和女儿之间选择了朋友而抛弃了女儿，这也让奥菲丽确信父母对自己是漠不关心的。

孩子与同龄人的关系

理想的情况是，孩子在没有父母干预的情况下也可以自己解决与同龄人之间的问题。要做到这一点，孩子需要多与父母讨论校园暴力，讨论人际关系、嫉妒或霸凌等话题，从中汲取父母的意见，尤其是他们关于如何与同龄人相处的意见。这就尤其需要父母教育孩子学会保护自己。他们可以给孩子定一条行为准线，教导孩子不要与人冲突，同时又要维护自己的利益。比如可以告诉他："不要欺负弱小，也不要伤害女生。但要是你的同龄人欺负你，你应该予以还击。如果欺负你的是比你年龄大的人，要告诉爸爸妈妈。"或者可以和孩子一起设想一下，有没有不付诸暴力而让欺凌者停止欺侮行为的方法。这样的讨论对孩子来说是必不可少的，因为他此刻有机会与父母探讨的问题，如果他在生活中真的碰到的话，或出于羞耻心，或出于不想让父母担心，会倾向于将事情隐瞒。但这样的讨论会鼓励孩子愿意谈论被霸凌的问题。这样一来，如果将来发生霸凌事件，父母的教诲将防止事态恶化升级。

如果孩子在事态变糟的时候不知道如何以口头或肢体的方式

来抵御侵犯，就会宁愿不与他人交往，不与同伴合作，可见教会孩子如何保护自己的重要性。给孩子灌输"我们不要使用暴力"的想法则会适得其反：如果孩子被同龄人打了，他还击了，那么在打打闹闹中也许还能建立起友谊；而如果孩子不被允许还击，那么他将倾向于回避同龄人以免继续挨打，不信任同龄人，从而导致被孤立。因此，父母不要把课间操场上的小打小闹看得太严重，因为在这些打闹中敢于自卫的孩子更有挫败霸凌者的力量和自信。

如果孩子无法自己解决问题而求助于父母，那么父母应该干预，并根据情况的严重性和孩子的痛苦程度做出相应的反应。如果孩子在玩闹中被别的同学打了，父母因此就去侮辱打人的孩子或者去学校煽风点火，好像孩子受到了极为严重的侵犯，这种把事件严重化的行为是毫无意义的。但是如果情况严重，例如孩子因受到霸凌而痛苦万分，面对这种真正的危险，父母就必须为孩子出头。

比如，父母可以与霸凌者的家长进行交涉，或者与校方交涉。如果情况仍没有任何改变，父母可以让自己的孩子转学。事实上，对孩子来说，父母显示出能让他感到安全的力量是非常重要的。因此，父母必须给孩子一个坚强有力的印象，对于自己的干预行为，不要流露出怀疑或担忧，不要表现出拖延、再三思量或过于礼貌，也不要让孩子发现情况的复杂性。父母必须向孩子表明他们正在极力地捍卫他，让孩子明白他不用感到害怕。

对抗配偶

如果孩子受到了来自父母其中一方的语言暴力、精神暴力或者身体暴力，无论这里指的是亲生父母还是继父母，另一方都同样不能妥协。我们首先应当通过表达自己的反对意见来阻止配偶的行为，其次我们还必须明确捍卫孩子的利益，因为孩子需要看到有人为他挺身而出。而且我们不能止步于此，否则就等于是在宽恕配偶的行为，而配偶的这种行为会阻碍我们与孩子的相处。

事实上，我们要做的不是去教育孩子，不是试图为配偶做解释甚至辩护，而是要通过反对我们的配偶来捍卫孩子。我们可以努力去安慰孩子，并且通过陪孩子度过一些快乐的时光以补偿他所遭受的伤害。而且当孩子表现不佳时，我们要克制自己不要批评他，以免"火上浇油"，因为我们不可能在弥补的同时又对孩子说教。我们的主要责任不是去维护已功能失调的家庭，而是应该给孩子提供一个安全、安静的地方，让他可以放松，可以构建自我并受益于真正的教育，而不只是试图修复破碎的关系。换句话说，这种情况下，为了孩子，我们可以与配偶分开，并根据情况的需要独自监护孩子，给孩子一个避风港。

反抗机构

此外，父母必须代表并捍卫自己的孩子，因为没有其他人会为他这样做。例如，如果孩子被诬告，父母要为孩子辩护，或者弥补孩子因不公正待遇受到的伤害。

门卫指证安吉拉的儿子在下楼时将一位老太太推倒，并声称她的儿子没有为此事道歉。于是安吉拉询问儿子究竟发生了什么事。孩子说不是他干的，还给出了他认为的嫌疑人的名字。于是安吉拉找到门卫，要求他为错误指控向她的儿子道歉。如果门卫的所作所为只是出于正义，如果儿子的确是罪魁祸首，安吉拉同样会要求儿子向老太太道歉。

在医院中，父母也会遇到需要捍卫自己孩子的情况。贝阿特丽斯5岁的女儿由于要做扁桃体切除手术，需要住院48小时。但医院禁止家长夜间陪护，于是护士建议贝阿特丽斯告诉她的女儿，晚上家长不在身边是没有关系的，因为她已经长大了。可是贝阿特丽斯没有接受护士的建议，她告诉女儿自己将在晚上11点半离开，早上在女儿醒来之前，也就是5点的时候就会回到病房。

与孩子交流，传递价值观念与知识，辨识孩子的情绪，培养孩子的同理心，为孩子出谋划策、挺身而出——只需列出家长角色的不同方面，就能明白家长对孩子起了多么决定性的作用，以及他们与孩子建立的联系是多么的丰富。无论今天被各种媒体或社交网络充斥的现代生活给孩子带来了什么样的新影响，都不应该让孩子疏离父母，而应当成为他们之间增强交流、深化联结的契机。

第九章
放弃成为超人

有什么比离家的孩子更令人难过？在家啃老的孩子！

——丹尼尔·佩纳克《家庭生活》（1993 年）

　　许多家长误解了自己的角色和责任，认为父母必须干涉孩子的生活以达到控制孩子的目的。但是，父母在孩子身边支持他的时候，必须要与他保持一定的距离。

　　下面是家长干涉孩子生活的一个极端例子。真人秀"与卡戴珊家族同行"似乎吸引了数以百万计的观众追看这个家族的闹剧，窥探卡戴珊姐妹的隐私。

　　这档真人秀由卡戴珊家族的女主人一手策划，节目曝光了这位想要永葆青春的一家之主的琐碎日常：从面部除皱手术、隆胸手术一直到试图引诱女儿的男朋友。这还不是全部，这位一直不愿别人称她为"母亲"的女人很清楚如何建立自己的事业：她让孩子们在她的事业里扮演她所赋予她们的角色。她经营着自己孩子的事业、婚姻和人生方向……所有这一切都被写成了剧本并被商业化。

　　即便如此，卡戴珊姐妹依旧是百万电视观众眼中的女主角，也许还是他们的榜样。

　　在这个人造家族中，孩子们变成了母亲希望她们成为的样子。而她们的回报则是节目的高收视率以及由此带来的金钱和知名度，还有数百万人"渴望拥有"的生活。

　　卡戴珊家族的孩子没有自我，她们是被母亲操纵的演员。

放弃取悦孩子

为人父母的第一个误区就是认为给孩子灌输快乐和信心是义不容辞的责任，并认为只要父母献出足够的爱与关怀，孩子自然就会变得快乐且自信。但事实并非如此简单，快乐和自信不是像糖果一样可供分发的商品。如今的父母觉得自己有义务竭尽全力给孩子倾注源源不断的鼓励和赞誉，期待孩子可以蓬勃发展并相信自己就是世界第八大奇迹。但如果父母的鼓励和赞誉来得毫无缘由的话，这种做法不会起到任何效果。

有时候，父母为了不让他们或肥胖、矮小，或学习不好的孩子灰心而假意给予的鼓励，将不可避免地被无情的现实戳穿，因为外界反馈给孩子的通常是对他肥胖、矮小、愚蠢或者无能的嘲笑。这种对父母不留情面的揭穿只会导致孩子对他们的怀疑。事实上，家长对孩子佯装的热情体现了他们对孩子的怜悯和不尊重，这会造成孩子心理上的自卑，觉得自己是个差劲的人。而就算他们的热情是真诚的，但他们对孩子缺点的视而不见，也会使孩子觉得自己是个骗子，不值得被父母赞美。

令孩子更为困惑的是：在他眼中父母是如此的权威，他们是不可能犯错的。所以当他们不断表扬自己的时候，他不知道应该相信自己的感受，还是应该相信父母的话。以至于他为了调和两种感受，会经常在自卑感与优越感之间转换，也就是说，他完全无法做到父母所希望他做到的自信。

如果父母的做法使孩子在自我怀疑的同时又自命不凡，父母又该如何给他自信？其实父母没有能力给孩子自信，父母的责任仅限于给孩子提供培养自信的条件，获得自信得靠孩子自己。

为此，孩子必须克服重重困难，而父母的作用就是在一旁陪伴并帮助他：承认并正视孩子身上的问题，做到不偏不倚，同时引导他找到解决办法。例如，父母可以对孩子说："你很胖，这的确令人难堪，但是你身上还有许多其他优点。体重问题可以通过减肥得到解决，但当你的智商有限时，没有办法能让自己变得聪明起来。只要你下定决心减肥，一定可以瘦下来的。"或者告诉孩子："你在学习上不行并不代表你就一无是处。当你想要改变时，我会尽可能地帮你。"

这种坦诚看似冒失，甚至残酷，但如果它是出于善意，孩子会平静地接受。因为在父母知道并承认孩子的缺点的情况下，还不顾一切地爱他时，孩子会感到安慰。因此，父母的角色应该是陪伴并支持孩子，无论孩子是处于顺境还是逆境，同时让自己的坦诚变为孩子克服困难的基石，这样才能让孩子拥有快乐与自信。

让孩子自己解决问题

如果想让孩子从克服困难的过程中有所收获，家长就要尽可能克制自己不要为了帮孩子消除或躲避困难而干预他的生活。

不要越俎代庖

最重要的是，父母不要在孩子成长的每一个阶段都替他一手包办所有的事情。让他自己伸手去够他想要的东西而不是直接拿给他，让他自己穿衣服而不是给他穿衣服以节省时间，也不要帮孩子做作业。等待的过程往往乏味甚至漫长得令人厌烦，但这也是在告诉孩子：父母认为他一定可以。只有在这种情况下，孩子才能获得成长。

有一天，斯蒂芬妮因为自己临时停车阻挡了其他车辆的出入而不得不守在车里，她不假思索地让她 6 岁的儿子皮埃尔替她去药店买儿童用的扑热息痛栓剂。斯蒂芬妮意识到，这个要求令儿子惊慌失措，可既然已经提出来了，她就必须做得彻底，不要为了节省时间而改成自己去买药（也是因为这个原因，她才并排停车）。皮埃尔总记不住药的名字：要么忘了是栓剂，要么忘了是扑热息痛，甚至连儿童用药也忘了，斯蒂芬妮决定要对皮埃尔有耐心。皮埃尔从药店往返多次，让母亲重复这些复杂的术语。斯蒂芬妮耐心地一遍遍回答他的问题。斯蒂芬妮这样做，是因为她意识到要让皮埃尔克服恐惧，必须给他机会证明自己有能力一个人去买药。事实证明，当儿子最后离开药店的时候，脸上满是胜利的表情。

同样地，父母必须让孩子自己决定什么时候前进，什么时候撤退，而不是替孩子决定。所以，我们没有理由一看到孩子退步就惊慌失措。例如，已经断奶的孩子晚上要求喝奶，或者已经可以独立走路的孩子想要大人抱，我们没有理由拒绝给孩子这些权利。因为孩子的成长必须由他自己决定，得由孩子来塑造他的父母，而不是让父母来塑造他。父母对孩子的爱并不意味着可以指挥或者控制孩子。

接受孩子经历磨难

父母的放手也就是同意让孩子自己奋斗，自己挣扎。

弗朗索瓦兹把8岁的儿子尼古拉送去了夏令营，但儿子过得并不愉快。他请求母亲带他回家。弗朗索瓦兹很想去接儿子，但她还是改变了主意。因为她意识到，儿子一想回来她就去把他接回家，这根本不是在保护他，而是在告诉儿子他很软弱，无法在一个他不喜欢的环境中坚持下去。因此，如果夏令营持续一个星期，那么弗朗索瓦兹就会对尼古拉说："坚持到最后，我知道你可以的。不过我向你保证，我之后再也不会把你送去夏令营了，因为很明显你不喜欢这里。"这样一来，尼古拉就可以从中感受到自己能够战胜考验。如果夏令营要持续 3 个星期，弗朗索瓦兹最好争取让儿子多留几天："再待上几天，如果你还是不开心，我们再考虑回家。"这样，尼古拉还是可以从这个不愉快的经历中获得一些自信，因为他坚持并且努力过，撑过了几天。

让孩子承担自己行为的后果

让孩子承担自己行为的后果意味着父母要退到孩子身后，让孩子独自承担。因为当父母介入时，比如对孩子说"不要担心，我在这里，我会把你拉出困境的"。父母只是在通过强化家长权力来使自己安心，但他们妨碍了孩子独自摆脱困境、攻克难题的机会。而后者才能教孩子在指望他人之前先依靠自己，才能让孩子相信自己能够管理好自己的生活。

父母的干预还会妨碍孩子为自己的所作所为承担后果，妨碍他明白未来得靠自己的道理。因此，父母必须尽早抽身，让孩子学会为自己负责，这比替孩子弥补他干的蠢事来得更加困难，却也更有教育意义。

露易丝的儿子雅克初三复读了，他的表现比上一个学年还要糟糕。他们家的一个朋友担心地问他："明年你打算做什么？"雅克回答说："你担心什么？我妈妈会有办法的。"露易丝得知后，终于意识到自己在孩子面前表现得太过全能了，自己对孩子的过分保护使他放弃了自我努力，选择依赖他人。

因此，她决定不管后果如何，都不去帮助雅克，她知道儿子可能会被分配到一个非常糟糕的高中，但她并没有尝试去联系较好的私立学校。一整个暑假，露易丝都不确定儿子会上哪所学校。直到9月份开学的前两天，她了解到雅克的新高中是一所技术高中，只有两个普通班。而他的弟弟克里斯多夫则去了一所私立的好学校上初中一年级。开学后的两个星期内，雅克没有表达任何意见。

有一天，雅克在陪同露易丝去克里斯多夫的学校接弟弟时，遇见了正在这所学校上高中一年级的朋友，当这位朋友得知雅克所上的高中后表示难以置信。那天晚上，雅克对他的母亲说："让我离开这所学校吧。"露易丝回答道："以你糟糕的成绩，我无能为力。如果你从现在开始到明年1月份，能交出一份不错的成绩单，那我会试着去克里斯多夫的学校为你争取。"两天后，露易丝去参加克里斯多夫的返校日，并没有跟校方提雅克转学的事。雅克以为他的母亲会为了他而做一切努力，等露易丝一回家，他就问道："你替我求情了吗？"露易丝回答并没有。第二天，雅克又对露易丝说："你为我做些什么吧。在我上的高中里只有学渣，我不想继续留在这个地方。"

这时，露易丝才去联系了克里斯多夫的学校校长。她没有向校方隐瞒任何真相，包括雅克不好好学习的事实。校长奇迹般地决定给雅克一次机会，同时提醒露易丝，如果雅克还是不努力学习，他会在明年 1 月份被劝退回原校。从那以后，雅克的成绩有了极大的提高。雅克在糟糕的高中里煎熬的两周使他受到了现实的考验，露易丝这才给了他可以抓住的救命稻草。相信只有这样，雅克在今后的学业中才不会怠慢。

自主权的挑战

父母会犯的第二个错误是什么？就是他们认为必须由家长来判断何时以及如何授予孩子自主权，以达到控制孩子成长的目的。然而，事实并非如此。自主权是孩子的一个基本愿望，父母要在教育过程中对孩子要求的自主权做出积极回应，也就是让孩子自己决定何时以及如何获得自主权。父母只需陪在孩子身边——从一开始的亲自陪伴到后来的象征性陪伴，以让孩子安心地实现独立自主。

这就是苏格兰作家詹姆斯·马修·巴利的小说《彼得·潘》的主题。巴利 6 岁的时候，他母亲最喜爱的儿子夭折。小巴利的童年就建立在这个悲剧之上，他一生都在试图填补他伤心的母亲心中的空缺。由于母亲没有给予能让他安心的陪伴，巴利一直无法独立生活，所以他写下了彼得·潘的冒险经历就不足为奇了。小说的背景设在一个儿童王国里，这里的孩子是永生的，不会长大，也不用遵守成人世界的规则。小说还衍生出了所谓的彼得·潘综合征，最著名的患者就是迈克尔·杰克逊，他曾经把他的庄园命名为"梦幻岛"，即小说中大部分故事发生的地方。

对父母来说，让孩子以自己的节奏获得自主权比控制孩子独立的过程要困难得多。因为孩子对自主的渴望往往会在某个时刻或以某种方式使父母感到不安或不悦。孩子会很早就开始要求独立，比如从 4 岁开始。当孩子不愿意父母干涉他的生活时，他会拒绝告诉父母发生了什么事；或者以撒谎的方式来抵御父母对他生活的入侵。父母应该接受这些，只要他的抗拒或谎言不会伤害到他自己。

孩子对自主权的需求主要表现在青少年时期，这就导致了众所周知的青春期危机。但孩子的危机往往比父母的危机要小得多，因为孩子有权实现自我解放，而无法不去控制孩子的父母却无法实现自我解放。他们依然给孩子施加不合理的，有时甚至是不公平的规矩。

桑德里娜允许自己 16 岁的女儿参加派对，但要求她在晚上 11 点就回家。这反映出了桑德里娜不愿放弃自己身为家长的无限权力。事实上，对女儿来说，危险的是独自回家，而不是具体几点钟回家。所以桑德里娜最好让女儿自己选择回家的时间，但是可以要求女儿必须与别人结伴同行。

孩子的解放会导致父母极大的不适，这种不适的表现形式就是焦虑，它随着孩子年龄的增长以及与父母冲突的升级而不断增加。这种焦虑看上去很正当，但其实是父母过多地干涉孩子的生活以及问责孩子的借口。其手段包括发短信责骂孩子，不合时宜地追问或应用科技手段使他们远程追踪孩子，或当孩子不给父母打电话时将孩子的手机停机。

虽然焦虑不可避免，但这并不能说明父母的干涉就是合理的，他们应该通过减少对孩子的控制让孩子获得更多自主权。家长给予孩子他所想要的自主权很容易实现，例如允许孩子和朋友一起去度周末。

克里斯泰勒就是这样，她的儿子亚当在 14 岁的时候问她是否可以买辆摩托车，克里斯泰勒可以选择接受、拒绝或推迟满足他的请求直到儿子年满 16 岁。克里斯泰勒在当时选择了拒绝。等到亚当 16 岁时她才同意给儿子买摩托车。她向儿子解释了自己的理由："我以前对你说不，只是为了让我自己放心，我想着的是自己而不是你。我会改进，但我也需要你的帮助，请你不要在晚上开摩托车，因为这让我很担心。"亚当感激母亲的坦诚，并保证会遵守她的要求。

如果孩子的行为已经接近犯罪，那么家长就不必给予孩子他所想要的自主权。很显然，如果这时候父母给了他更多的自由，他就会在回归理智之前做出更多的蠢事，这对每个父母来说都是难以接受的。

但是父母可以放心，因为如果他们一直以来都关心孩子、善待孩子，就算孩子希望有别于父母，就算他走的不是父母告诉他的"不走弯路"的直道，他还是极有可能回到最适合他的道路上。而这条道路很可能正是符合父母曾经传递给他的价值观和文化的"直道"，孩子会以这种方式来"尊重"自己的爸爸和妈妈。

毋庸置疑的是，父母也应该牢记，如果不给孩子自主权，他们将需承担更大的风险，比如孩子丧失自主能力的后果。

以克莱门斯的经历为例，她姐姐尚塔尔的女儿珍妮都 39 岁了仍然和母亲住在一起，她为此而感到担心。所以有一天，克莱门斯大胆告诉珍妮，现在是她该从家里搬走的时候了，并且自己可以在经济上资助她买一套公寓。同时克莱门斯告诉珍妮没有必要告诉她母亲她们之间有过这样的对话，以免令尚塔尔不快。克莱门斯知道她姐姐对珍妮的占有欲，她不想和姐姐吵架。但珍妮还是立刻告诉了她母亲克莱门斯与她的对话，尚塔尔极力反对克莱门斯的插手，她不顾女儿的利益坚持要把珍妮留在自己身边。

起初克莱门斯无法理解为什么珍妮要把她们的谈话告诉她的母

亲，为什么珍妮不愿意接受她如此慷慨和无私的提议。其实，珍妮将她们的对话告诉自己的母亲是合乎逻辑的，因为她不能不服从母亲，否则她早就能离开家了。当珍妮向母亲谈论小姨的建议时，她其实是在试探母亲是否想过自己可能会离开她，想请求她的同意。事实上，珍妮的心智远未达到 39 岁，而像是 10~12 岁，珍妮不是一个自然成长起来的人，她童年时期想要独立自主的要求从未被满足。最后，自主能力就像瘫痪的四肢，早已麻木到了萎缩的地步。所以克莱门斯为珍妮提供解决方案以让她离开自己的母亲是没有用的，因为珍妮永远都不能没有她的母亲，她需要不断乞求母亲的同意。

更可怕的是，那些像尚塔尔一样阻止自己孩子独立的父母，总会在生命中的某一刻想要摆脱自己已经成为累赘的孩子，但他们做不到。他们会发现自己将一辈子和自己的"超龄孝子"困在一起。

孩子塑造父母，而不是父母塑造孩子

父母会犯的第三个错误是认为自己可以通过干涉孩子的生活来帮助孩子。在他们眼中，这异常合理，因为他们有人生经验，且这么做是出于好意。所以他们引导孩子做出选择，心安理得地掌控孩子的生活。

在电影《男孩们与纪尧姆》中，纪尧姆·高丽安描述了他在一个中产阶级家庭中度过的童年。已经生了两个男孩的母亲极度渴望生一个女孩，因此在纪尧姆出生后，他的母亲就像对待女孩一样对待他。纪尧姆非常乐意充当女儿的角色，因为他十分迷恋自己的母亲。他穿得跟母亲一样，还模仿母亲的声音和神态，演到最后连他自己都确信自己是一个女孩，而他周围的人则觉得他是个同性恋。因此，当他遇见阿曼蒂娜并宣布想和她结婚的时候，他的母亲非常惊讶，同时为"她最爱的女儿"爱上了除她以外的另一个女人而失望。但纪尧姆让母亲放心，因为多亏了她，他才爱上了女人。

不要干涉孩子的生活

不要影响孩子的选择

要由孩子塑造他的父母，而不是让父母以先入之见，甚至以出于"为孩子好"的名义来塑造孩子。因为只有一个能主动表达自己的需求、欲望和期待的孩子，才会让他的父母有机会通过实时回应他的需求、欲望和期待来实现教育的目的。所以，孩子就像老师一样引导着大人，并将其塑造成为父母。如果父母在自认为恰当的时候将他们的价值观、知识、信仰灌输给孩子，那么他们在要求孩子适应父母的同时，很可能会打乱孩子的节奏或者泯灭孩子的个性。首先是因为父母对孩子拥有无限的权力，以至于他们对孩子的一丁点儿干预都会对孩子产生很大的影响。其次，父母所坚持的看法并不总是正确的：父母并不一定擅长判断究竟什么才是适合孩子的。例如在孩子未来的职业选择上，父母通常会让孩子选择在经济方面安全和稳定的职业，或者让孩子重走一遍他们熟悉的道路。他们会命令孩子"像我那样去做，或者遵从我们家的惯例"。这种做法在他们看来尤为合理，因为这些经验源于他们的价值观与传统。所以父母为孩子规划的道路往往是狭隘的：他们能想到的职业是医生、金融业人员等，而不是孩子会为自己选择的园林设计师、木匠、艺术家或网络博主。由于父母自身的局限性，他们不可能在每个领域都能提出专家般的建议，他们随时都有可能犯错。也就是说，父母常常用不恰当或过时的理由告诉孩子"做这个，做那个"，而不去衡量自己的判断会给孩子带来什么样的后果。

弗勒毕业于法国国立行政学院，她想要女儿艾米丽像她一样在知名院校求学，她认为去美国上学比在法国更有利于女儿获得成功。所以弗勒不顾自己应该给予女儿的尊重，不理智地坚持让艾米丽申请美国最好的大学。但是学业出色的艾米丽却在入学考试中考砸了，这次失利对艾米丽来说是一个惨痛甚至是毁灭性的打击。弗勒致力于让女儿达到美国高校所要求的出色的学术水平，同时也觉得自己了解美国大学的录取标准，盲目自信的她从未就报考学校一事向专业人士进行咨询。她忽视了美国学校对申请人的情商、个性和课外活动的重视程度，导致女儿学业上的滑铁卢。

父母常常意识不到对孩子施加压力，希望孩子不辜负他们的期望，其实是对孩子的藐视。

当父母在学业上或职业上推着孩子走时，他们其实是在强迫孩子否定自己的愿望，而充当父母的战利品或陪衬。这样的孩子会在情商方面萎缩，而这种不平衡会在孩子成年以后的生活中造成更多的麻烦。

安德烈是巴黎综合理工大学的毕业生，父亲曾为了逼他努力学习考取这所大学而拳脚相加。安德烈在毕业后的招聘面试时被当场录用了，但一周后他就被开除了，原因是他做事草率、不认真。安德烈被上司派去外省两个月，研究并评估某家公司的状况，最后需要他交一份包含他个人建议的详细报告。仅仅两天后，安德烈就写了一封极为简单的邮件反馈了他的建议（顺便说一下，他的建议很机智），这使他被当场解雇。

西尔维的母亲自己没能当成演员，于是她极力想把女儿推入演艺圈。西尔维没有表达过她自己的愿望和志向，而是顺从了她母亲的愿望，并取得了她母亲没有取得的成就。但她其实只是母亲的替代品，并非一个完整意义上的人。

不要给孩子贴标签

父母对孩子每天的行为所提出的要求，也会给孩子造成巨大痛苦。当他们给孩子贴上一个能让他们满意，让他们放心或满足他们虚荣心的形象，比如小丑或班级第一的形象时，就会达到这样的效果。

当孩子意识到父母在意的不是他，而是他的形象时，他只能在无奈之下遵从父母的命令。因为他知道自己如果不这么做，就会失去被爱的资格，或者说，会被父母象征性地杀死，作为孩子，他不能冒这个险。所以他会努力服从父母，放弃自己的人格，甚至自己的命运。

罗曼·加里在自传体小说《童年的许诺》中，讲述了他极具理想主义的演员母亲带给他的无限关爱。母亲在儿子的生活中无处不在，她渴望儿子出人头地，不断鼓励儿子要坚信自己所背负的光辉使命。在各种艺术领域里经历了几次失败后，加里终于通过写作实现了母亲的愿望，文字是他展现才华的地方，也是他得以巧妙说谎的地方。当加里获得了身染重病的母亲所期望的成功后，他选择了自杀。

孩子会因父母不了解他而备受煎熬，例如，他并不像他被要求表现出来的那样快乐，他不知道演戏给父母看的自己到底是谁。他害怕令父母失望，所以不断地自欺欺人。为了不让自己哪怕有一秒钟的悲伤，为了即使在痛苦的时候也要扮演小丑，孩子会掩盖自己的痛苦，但这些痛苦不可避免地会以这种或那种方式重现——哮喘、荨麻疹或其他焦虑的外在表现。孩子试图达到父母所期望他扮演的好学生形象，如果他没能做到，就会贬抑自己，甚至陷入抑郁，并以这样或那样的方式伤害自己，比如通过自残来破坏父母安在他身上的名不副实的形象。

身患癌症的弗里茨·佐恩在 32 岁时完成了自传体随笔《火星》。在写作的过程中，他突然意识到自己的癌症是由他在苏黎世的"黄金海岸"接受的教育一手造成的。佐恩认为这种教育是"致癌的"，他甚至认为自己就是被这样的教育害死的。他在与别人交往时无法表达自己的感情，所以他一直单身，既没有朋友，也不知道爱为何物。癌症在他看来似乎是一个无须负责的慢性自杀的最好办法。他在签字同意出版自己的回忆录当天就去世了。

父母操纵的副作用

父母的束缚有时极为有害，只会产生不良的后果。要么导致家庭动荡，这最常发生在孩子试图戳破家长谎言的青春期。要么当父母达成目的，即孩子成为父母想让他成为的那种人时，对孩子的掌控就会被父母当作某种成功，但这不一定意味着胜利。就像拙劣的工程师生产了有缺陷的电气装置却从没有质疑过自己一样，那些已经成功驯服自己孩子的父母，不知道他们的这种教育会导致什么样的负面影响。这些影响往往要过很久才会显现出来，或以一种父母认为与自己的行为无关的方式显现。

事实上，受到父母情绪塑造的孩子所遭受的痛苦往往是隐秘的。他会隐瞒他遭遇的问题或认为自己出现这些问题是可耻的，他无法理解甚至都不知道该如何描述这些问题。

他会不由自主地通过与他人在情感层面上，特别是在爱情关系上的疏离来进行自我保护，并会因此变得自闭和孤独，无法与任何人建立联系，或者他会试图通过驯服、战胜那些对他提出难以忍受的要求的人，比如父母，来寻求自我修复。

亚历珊德拉爱上了一个朝三暮四的男人，这个男人要求亚历珊德拉对他忠诚且殷勤，只为了他和她的幸福而生活。他忍受不了亚历珊德拉表现出一副被欺骗了的痛苦模样，如果她还是摆出那副需要被爱的样子，他就会抛弃她。如果亚历珊德拉还想跟他在一起，她就得默默忍受。亚历珊德拉当然选择了后者，因为她希望有一天自己能改变他、驯服他。

伊戈尔只爱已婚女性，但这些女人离不开她们的丈夫，所以她们不可能选择他。还有一些女性与批评她们，想要改变她们的人结了婚。她们的丈夫在她们只想素颜的时候要求她们浓妆艳抹；如果她们是城市居民，就会被丈夫要求热爱乡村自然；当她们瘦的时候就会被要求身材圆润；如果她们笨手笨脚，就会被要求聪明伶俐；当她们是脑力工作者时，就会被要求从事体力劳动。

对孩子严格要求

　　放弃干涉孩子的生活并不意味着放弃教育者的角色。父母绝不能放弃这一角色，因为他们有责任为孩子实现自己的雄心壮志提供帮助，有责任对孩子严格要求以帮助孩子获得成功。在学业层面，父母要激励孩子根据自己的能力争取最好的成绩。也就是说，父母要根据孩子的优势和劣势来调整他们的要求，而老师是孩子最客观的评判者，父母可以从老师那儿获得必要的建议。在激励孩子的过程中，父母不要对他提出不可能完成的任务，以免让孩子落入一败涂地的境地。父母不只要在学习方面对孩子严格要求，还应该使孩子在各个方面都成为一个优秀、有吸引力、被周围人欣赏的人。

　　不过，父母必须非常小心，不要混淆了严格要求与横加干涉的区别。例如，父母如果试图根据自己的审美来塑造孩子的外形、着装风格或发型，就是对孩子的过多干涉。

　　所以，父母向孩子表达对他抱有的合理期望的前提条件，就是要使孩子为自己感到骄傲。这种要求与尊重并存的态度会鼓励孩子在各个方面都实现目标、获得幸福，同时也避免了父母支配孩子的欲望。因此，不管孩子的年龄大小，父母都可以采取这种态度，即便孩子已经成年，家长的这种态度也能继续发挥作用。

阿丽亚娜的儿子马泰奥是一位刚结束住院实习考试的年轻医生，他犹豫自己能不能治好他的一个女同学，因为他怀疑自己的能力："我不会缝合伤口。"阿丽亚娜觉得自己有必要推翻儿子对自己的错误认知，以帮助他克服恐惧，所以她对儿子说道："你的这位生病的女同学很需要你的帮助，如果你拒绝这场手术，你就是一个懦夫。"

自我克制

若要将主动权留给孩子，就需要父母有意识地去除他们为孩子设想的形象以及他们对孩子成功所抱有的不切实际的幻想。此外，他们不能为了让自己安心，而用控制孩子的方式来一味避免让孩子接触到那些不在他们视线范围内、令他们担心的东西。

接受孩子犯错

坦率地说，有时孩子要走的路对许多父母而言是难以接受的，特别是他们确信孩子会破坏或浪费自己的青春、才智或美貌。他们害怕看到孩子耽误了学习，或是错过了那些他生命中至关重要，应该抓住的诱人机会。但重要的是，父母首先要问自己，他们之所以如此煎熬，是因为他们的孩子在遭受痛苦，还是因为他们看到自己为孩子塑造的形象在遭到破坏？事实上，当他们吼道："我的女儿让我彻夜难眠，甚至让我想自杀。"他们难道不是在为自己而感到悲伤吗？

父母只有摆脱了身为家长的自负，才会明白他们无权评判孩子的人生道路或计划。因为不是每个人在 18 岁的时候都会到达人生的巅峰，有些人要 40 岁时才大器晚成。至于孩子犯的错误，父母也不必过多指责，因为当父母被问及自己的生活时，他们也不得不承认自己做出的选择存在这样或那样的问题。但正是这些选择，甚至是错误的选择，使他们成为真正的自己。

家长给孩子设想的形象，就算从理性的层面来看异常完美，也未必适合孩子，因为这不是他自己所做的选择。只有明白了这一点，家长才会放手让孩子走自己的路，找到自己的方向，他们才会接受让孩子犯错。除非他们认为自己对孩子的做法完全无法苟同，比如孩子在一段有害的感情关系中误入歧途，甚至伤害自己。这种情况下，父母就该告诉他，他们承受不了发生在他身上的事，而且他们宁愿远离他，甚至不惜跟他断绝关系，以使他能有所悔改。这样的情况并不常见，但孩子的确需要有人能及时唤醒他，让他重新确定方向。

不要影响孩子长大后的生活

一旦孩子长大成人并生活自理时，父母应该为自己的孩子不再需要他们而感到高兴，因为这代表他们圆满完成了教育者的使命。因此，他们最好把自己的无用感和无权感当作胜利来看待，不要为了弥补自己的悲伤而影响孩子的生活，因为孩子必须在温室以外的地方建立自己的生活。重要的是父母得找到那个多变且微妙的平衡点，使他们与孩子的关系得以延续，在不影响孩子成年生活的前提下守护孩子。

这意味着父母不要通过增加孩子的内疚感或以家庭义务为由，强迫孩子看望他们。但是，父母可以努力提出好的建议，以便孩子在需要的时候可以求助于他们；父母可以让自己成为有趣的人，让孩子想要与他们进行交流；同时简化规矩，吸引孩子回家。

最后，父母还要停止对自己在为人父母的过程中不可避免犯下的错误而纠结。因为如果他们是完美的，他们的孩子将永远无法独立。但是，如果他们与孩子的关系受损，如果他们伤害了孩子，他们就必须承认错误并向孩子道歉。孩子对自己的父母天生就是深情的、宽容的，因此父母无论何时修复并改善与孩子的关系都不会太迟。当成年后的孩子有了自己的子女，他也会去安抚孩子的伤口，以防止自己的悲剧在下一代身上重演。

第四部分

实用指南

测试：你是什么样的家长？

你与童年的关系

A. 沿用你父母的教育对你来说不存在问题， 因为你的童年是幸福的，而你的父母也是出色的家长。教育孩子在你看来是理所应当且极为有趣的事。你关注你的孩子，你牢记他的兴趣，你能从他身上获得乐趣，你们的关系也很融洽。所以你很难想象这本书中列举的问题，这本书其实并不令你特别感兴趣。

B. 沿用你父母的教育对你来说不存在问题， 因为你的童年不幸福却也算平淡。你没有责备你的父母，他们已经尽力了，毕竟没有人是完美的，在教育方面也没有万能药方。至于你和你孩子的关系，你会尽力而为，但这绝不代表万事大吉。

请阅读：认同父母的心理需求（第 31 页）；复制的恶性循环（第 33 页）；回忆童年，评判童年（第 49 页）；承认虐待（第 51 页）；揭开虐待的伪装（第 53 页）。

C. 你不会沿用你父母的教育方式， 你要跟随你的本能来教育孩子，因为这样的教育是出于你对孩子的爱，只会有百利而无一害。

请阅读：童年的烙印（第 18 页）；童年的影响：影响之下的父母（第 20 页）；习惯的反弹（第 25 页）。

D. 你绝不会沿用你父母的教育方式，因为你不喜欢你的童年。但是你已经发现了该如何应对：为了不给孩子造成同样的痛苦，你决定要跟你的父母反着来。

请阅读：我们需要了解童年（第 26 页）；与父母反着来（第 42 页）。

E. 你已经发誓不会沿用你父母的教育方式，但有时你无意中发现，你在用你父母对你的态度来对待你的孩子，但你曾那么讨厌你父母对待你的方式。因此这个事实让你又烦恼又羞愧。

请阅读：复制的恶性循环（第 33 页）；消除痛苦（第 41 页）；纠正行为（第 61 页）。

F. 你经常反省你在为人父母过程中的行为，以免复制你父母的教育方式，但突然间，你不知道该采用什么方式来对待你的孩子。

请阅读：成功教育孩子的方法（第 73 页）。

你与孩子的关系

G. 你不想因为有了孩子而扰乱了自己的生活。你觉得如今的父母做得太多了，否则要托儿所和保姆做什么呢？

请阅读：揭开虐待的伪装（第 53 页）；投身于孩子的教育（第 75 页）；警惕教育借口（第 111 页）。

H. 你属于专制型的家长。对你来说，在育儿的过程中没有什么能比得上纪律更重要，否则孩子会无法无天，只需看看减负论者们的可怕的教育结果。

请阅读：报复性的反弹（第 34 页）；专制行不通（第 120 页）。

I. 你是宽松型的家长，你认为孩子只有在关爱而不是纪律中才能获得快乐。你不断鼓励你的孩子，以让他感觉良好，对自己有信心。

请阅读：放任也行不通（第 125 页）；放弃取悦孩子（第 169 页）。

J. 你非常积极地参与孩子的教育，因为在这个竞争激烈的社会中，你发现自己有责任通过要求孩子服从你为他安排的道路来成为具有竞争力的成功人士。

请阅读：有选择地战斗（第 137 页）；与孩子建立联结（第

147 页）；放弃成为超人（第 167 页）。

K. 你和你的孩子非常亲近，甚至你认为你们是朋友，并且（或者）他是你存在的唯一目的，并且（或者）你全部的时间都跟他在一起。

请阅读：揭开虐待的伪装（第 53 页）；放弃成为超人（第 167 页）。

成见剖析

父母必须让孩子远离大人之间的问题。

错，因为孩子能发觉父母的苦恼，他会认为自己得为此负责。而当他的感受与父母的话语不相符时，他会选择远离并压抑自我感受，这样一来，孩子就丧失了对他的心理平衡以及鉴别力发展至关重要的参照系。

相同的教育下，兄弟姐妹的反应各不相同，这一事实证明了父母的态度没有传说中的那么重要。

错，父母只是没有意识到他们对待每个孩子的态度都是不同的。

担心是爱的证明。

错，尽管焦虑对做父母的来说不可避免，但是焦虑必须得到约束，因为它传达的负面情绪会极大地影响孩子。

教育孩子不是一桩有趣的事。

错，父母反而应当在陪伴孩子的过程中享受乐趣，这样他们才能耐心地投入孩子的教育工作。父母要学习如何与孩子在一起时获得乐趣。

家长必须相信自己的本能。

错，事实上，当你的童年并不快乐时，你反而应当对你的本能保持警惕。因为本能会引诱你屈从于你的过去所遗留下来的无意识行为。

孩子天生就是不听话的。

错，恰恰相反，孩子服从于我们或有意识或无意识的欲望。而且从长远来看，他会服从我们为他塑造的形象，所以如果我们认为他是个骗子或是个懒虫，他就会变成这样的人。

孩子既薄情又矛盾。

错，孩子恰恰认为他的父母永远是对的，为此他不惜扼杀自己的真实感受。他会给父母找各种理由，比如父母这么做是出于爱他或出于害怕。所以孩子一边压抑自己的痛苦，一边模仿父母的一切行为以向他们致以敬意。

一个教养良好的孩子应该是安静且话少的孩子。

错，不说话的孩子是不健康的。事实上，孩子要么选择保护父母，如果他认为父母是脆弱的；要么害怕父母，因而不想冒险与他们谈论发生在他身上的事，特别是那些严重的事。

父母都是为了孩子好。

如果这是真的就好了！父母更多考虑的是自己的利益，而不是他们孩子的利益，他们经常会为了报复自己的父母而对自己的孩子施加痛苦。

小孩干点蠢事没有关系。

错，若要正确判断一个幼儿的行为，有必要想象一下当这个行为发生在一个十几岁的青少年甚至成年人身上时，他该受什么样的惩罚。

指责自己的父母毫无意义。

错，当面指责他们的确没有用，但重要的是评估他们为人父母的优点和缺点，并明确他们曾经做出的那些令我们痛苦的行为，以免我们在下一代身上重演悲剧。

不要向孩子低头。

有时候对，有时候错，孩子有自己合理的欲求，做父母的应该满足他75%的要求，因为这是在向孩子表明他的想法是对的，从而让他获得良好的自我感觉，并培养他合理提要求的习惯。但即便孩子的欲望是合理的，父母并不一定要顺着孩子，何况积极回应孩子的需求并不意味着我们就得立即满足他。客观对待孩子的要求，可以保证父母与子女之间交流的质量。

孩子出生后，夫妻之间的分工必须平均。

错，这是一个不合理的想法，特别是如果在孩子出生之前夫妻的分工就不平均的话，而且其中一方当时已经选择了他想要参与家务的方式。夫妻双方的参与形式往往有所不同，所以虽然要求配偶帮忙照顾孩子完全合理，但每位家长更应该根据自己的喜好和能力来选择他要在孩子身边扮演的角色，因为每项任务都应该被分配给最有能力胜任它的人。

有了孩子，父母就没有属于自己的时间了。

是的，但孩子是唯一需要我们付出时间的人吗？友谊、爱情和工作也需要，且生活本身就需要时间。为什么要归咎于孩子呢？我们之所以会有这种感觉，往往是由于工作或婚姻的束缚，与孩子无关。之所以我们更喜欢把责任归因于孩子，是因为这样做不那么复杂，或者比质疑丈夫或质疑工作的风险小，所以孩子就遭殃了。

有了孩子，我们的生活变得规矩而平庸。

错，教育孩子远不是让父母从过去自由自在的生活中有所收敛，教育孩子对人类的生活来说必不可少。与高水平的体育运动类似，教育在达到预期效果之前也需要经过多年的努力，它意味着自我要求和自我超越，因而我们从中获得了远胜于看电影的满足感。

照顾一个孩子会让人筋疲力尽。

错，如果照顾一个孩子是累人的，那么所有的快乐都是累人的，尤其是运动和旅行。而且父母之所以会萌生这种想法，往往是因为他们不能在和孩子相处的过程中感到快乐，而这种快乐是需要习得的。另外，我们必须谨慎使用疲劳这一词语。我们真的觉得很累吗？要知道身体的疲劳会被焦虑无限放大。

你只要告诉孩子你爱他，他就能感受到爱。

错，不只是告诉他，事实上我们必须用行动向孩子证明，否则他不会感觉到我们的爱。所以我们要为他付出时间，我们要精神饱满地出现在他面前、关心他，尤其要认真对待他的需求。

父母与孩子在一起时的时间质量比数量更加重要。

有时候对，有时候错，因为我们只有为孩子付出了足够多的时间，他才能够感受到自己的重要性。我们在进行日程安排时要尽可能优先考虑孩子，提高跟孩子在一起的时间质量，并使这样的时间变得可确定、有规律。

过去专制的教育方法值得践行。

错，尽管专制通过教训孩子并让孩子服从得以在短期内发挥作用，但专制会诱使孩子撒谎和掩盖事实，同时扰乱他的感受力以及根据内在晴雨表做出反应的能力。尤其从长远来看，专制会导致与家长的目标截然相反的结果，因为孩子会通过变成懒虫或骗子，来迎合他的父母对他的印象，以坐实父母就应该对自己辞色俱厉和不信任。

必须告诫孩子不要倾听自己的感觉。

错，这个观点背后的信息是，如果家长过多关注孩子的想法和要求，孩子就会变得很矫情。但事实恰恰相反，因为如果父母不去扼杀孩子内心的真实感受，孩子将会养成关注身体反应并自己照顾自己的习惯，他不会像"拒绝自己内心感受"的孩子那样经常冒不必要的险，或者给自己招来麻烦。

纵容比专制更好。

错，纵容往往是由于家长怯懦或由于他们很少参与孩子的教育。纵容也是一种虐待，因为它剥夺了孩子构建自我时所必需的界限，从而造成孩子的焦虑和被抛弃感，使他走向犯罪或自我毁灭的道路。

孩子就是任性的。

错，所谓的任性只不过是被父母视为过分或无理的孩子的欲求。但是，父母以孩子要求的东西不适合他、孩子还没到提这种要求的合适年龄为由，断言孩子的要求不合理，这是不公平的。家长必须回应孩子的要求，无论是正面回应还是负面回应。

孩子都被宠坏了。

很多时候是这样的，但并非像我们通常所理解的"宠坏"。因为宠坏孩子从字面意义上指的是毁了一个孩子，有很多方法可以宠坏孩子，比如给孩子买过多的礼物以满足家长自己的施与乐趣。父母表面上的慷慨大方其实是在扼杀孩子的欲望，进而剥夺孩子生活的动力。但是，有些父母出于原则或出于残忍而什么也不买给孩子，其实他们在以同样的方式毁掉孩子，即扼杀他的欲望。这样的孩子知道自己永远没有如愿的机会，所以他只能求助于他所能接触到的唯一手段以免除自己的痛苦，那就是扼制自己的欲望以使自己不再感受到欲望。所以，一个被溺爱的孩子，或者一个被贴上了标签的孩子，也属于被宠坏了的孩子，即被虐待的孩子。

负责任且可靠的父母是那些在所有事情上都显示权威的父母。

有的时候对，有的时候错。因为如果孩子违反了父母的价值观，即便是在看似微不足道的事情上，父母也有责任提高警惕并管教孩子。但他们必须选择为何而战，不要把自己的权威浪费在吃饭、睡觉时间、家务劳动、兄弟姐妹间的纠纷等次要问题上，或者不要在敏感时期比如孩子的青春期挥霍权威。

父母必须给孩子以自信。

错，父母不能为了使孩子变得有自信而假意鼓励孩子，因为这么做非但不会让孩子有安全感，反而会让他在自卑感与优越感之间摇摆，最后变成自负的人。只有让孩子独自克服困难，父母才能向孩子表明他们相信他的能力，从而让他获得真正的自信。

父母必须让孩子幸福。

错，因为父母没有这个能力。孩子必须独立克服困难才能到达幸福的彼岸。但是，父母通过为孩子付出时间和关心，通过与孩子建立纽带，往往也能帮他实现目标。

父母必须尽快推动孩子获得自主权。

错，父母所呼吁的让孩子获得自主权经常被他们用作疏忽孩子的借口。当孩子还小的时候，自主权对他来说是没有意义的，因为他还不具备实现独立所需的情感机制，此时推着孩子走向自主就是在对他施加精神上的痛苦。因此，真正的自主是孩子自己要求获得的自主，特别是在他处于青春期的时候。但是，尽管孩子独立自主是父母希望看到的，但他们却为此而感到害怕，因为孩子一旦有了自主权，就不可避免会使做父母的陷入焦虑。

为了让孩子慷慨大方，必须让孩子养成从小帮助父母的习惯。

没有什么比这更误导人的了。这种言论甚至是在颠倒是非，因为孩子只能付出他所拥有的东西。孩子从出生到 20 岁之前，应当有权在家人面前自私而不被质疑，更不该被压制或者严厉批评，因为孩子需要时间来成长。因此父母要考虑的是孩子的需求和愿望，而不是自己的，即使这里的愿望指的是父母总想亲吻自己孩子的愿望，因为这也只是为了取悦他们自己而已。

父母必须保护自己的孩子免受痛苦。

错，家长必须让孩子承担自己行为的后果，同时还要对孩子严格要求。

父母总是能知道什么才是适合他们孩子的东西。

错，尤其是当孩子处于青春期的时候。父母觉得自己干涉孩子的生活是因为他们有人生经验，且这么做是出于好意，但是他们并不擅长判断究竟什么才是适合孩子的。事实上，孩子才是老师，要由孩子引导和塑造他的父母。

没有完美的父母。

对，完全正确。因为对孩子来说，完美的父母会把他压得喘不过气来。不完美并不妨碍父母对子女进行教育，但他们必须承认自己犯的错误，以便给孩子上一堂有关诚实的课，促使孩子像他们那样勇于承认错误。如果父母坚持自己的错误，孩子会因父母缺乏判断力或洞察力而感到不安，他不会再听父母的话，因为他无法再信任他们。此外，父母还应该从中反省，即他们并不知道在学习、工作或爱情方面，什么是最适合自己孩子的，有了此番觉悟的家长会克制自己干涉孩子的生活。

即使关系破裂的夫妻也应该为了孩子而继续在一起。

错，如果孩子给父母带来了快乐，会使他觉得自己是上天赐给父母的礼物或者奇迹，使他发现自己的珍贵之处。那么反之亦然，如果他觉得自己给父母造成的只有压力、疲劳或者无聊，那么他就会认为自己一文不值。但是，父母"为了"孩子而放弃离婚等同于让孩子为父母的不幸负责，这会给孩子带来长期的阴影，令他觉得自己是个有害的人。

父母必须为他们的孩子统一战线。

错，父母在意见不同时的互动会教导孩子如何去面对与自己意见不同的人，以及在必要的时候如何捍卫自己的观点。更不用说当父母中有一方认为自己的配偶在虐待孩子时，为了捍卫孩子，他应该挺身而出，在孩子面前明确反对配偶。

孩子小麻烦小，孩子大麻烦大。

有时候对，有时候错。对是因为如果说教育一个 5 岁的孩子是容易的，家长只需一点一点地纠正他所干的无伤大雅的傻事，那么当他长到十几岁时，家长再想要教育孩子，任务就会艰巨得多，而且孩子犯下的错误可能导致更严重的吸毒、小偷小摸或自残等行为。但这并不意味着父母面临的困难必然会与日俱增，况且一个小孩子的痛苦可能和一个大孩子的痛苦一样大，只是他们表现痛苦的方式不同而已。幼儿时期的孩子，由于他还过于脆弱和依赖父母，因此他在很小的时候不会表现出自己很痛苦。从青春期开始，一旦孩子具备了能力，他就会补偿自己过去的缺失，这种补偿行为会表现为对自己或他人的攻击性。

家长必须与老师和校方站在一起，以向孩子彰显一套严密的权威。

错，家长不需要为了让孩子明白，如果想要学业成功就必须遵循规则而赞同学校所有的规定。但是父母必须表现出自己对孩子的忠诚，必须像个律师一样为孩子提供建议与辩护。如果孩子受到校方不公正的指控，父母要捍卫他的利益，要求校方为孩子所受的不公正待遇做出补偿。当孩子的确有错时，父母不要为他找寻借口，也不要对他横加责难，但必须要求孩子承担自己的责任，并且对孩子承诺父母会站在他的那一边。

家长有责任为孩子提供建议。

有时候对，有时候错，父母有责任帮助孩子取得成功，方法是对孩子严格要求。但是家长不能混淆了严格要求与干涉的区别，因为慷慨地为孩子提供不请自来的建议就等于在左右他的选择，迫使他言听计从。

成年子女对父母应尽义务。

在父母身体健康又独立自主的情况下，这是错的。事实上，父母经常会以家庭义务为由，强迫孩子来看望他们。事实上，父母应该为自己的孩子不再需要他们而感到高兴，父母也应该把自己变成有趣的人，把每次见面变成有趣的相聚，以吸引孩子回家与他们交流。

父母要做什么

关注自己的童年

意识到童年带来的影响。

我们要明白，就算成年后的我们仍然无法从自己的童年中解脱出来。

如果我们没有一个快乐的童年的话，就不要信任自己的本能。因为本能只是由我们的过去所遗留下来的无意识行为构成的，本能会引诱我们复制上一代人的错误行为。

始终牢记导致我们重演童年悲剧的心理机制，以便在日常生活中与之抗争，并将其挫败。

唤起童年的记忆以削弱童年的影响，并且只将我们童年积极的方面传递给我们的孩子。

允许自己评判父母，但并不因此而公开与他们发生冲突。

以成年人的经验和情绪来评判自己的童年，从而理解并承认我们过去的痛苦。

对自己说一些我们过去本想从父母那里听到的话，或者想象一下父母本应对小时候的我们表现出的态度。以一种象征性的方式后天纠正父母当年犯下的错误，抚平我们的伤口，并克服过去带给我们的阴影。

纠正自己为人父母的行为。

时刻保持警惕，不断用这两个问题来评估我们为人父母的行为是否站得住脚："这是为了我自己，还是为了我的孩子？"以及"我是我自己，还是我父母支配下的回声？"

当我们在说"这是为了你好""没有为什么"或"因为我爱你"这样的话时，我们要更加谨慎。因为它们总是被我们用来将自己无意识中不合理的欲望合法化。

一旦发现我们有伤害自己孩子的行为时，我们要通过分析这种行为以了解这是否源于我们的童年。请牢记，复制我们父母犯下的错误的方式有很多种。

寻找我们反应方式的替代方法，也就是有别于我们的父母且超越我们的父母，而不是将愤怒转嫁到孩子身上，这是对我们的童年经历唯一有效的报复。坚持实施这个替代方案，尽管做起来很困难，但它需要在实践中习得。

一旦我们发现自己不当的反应伤害了孩子，我们就要向他道歉，并纠正自己的行为。如果我们很晚才意识到自己的错误，如果我们与他的关系受到损害，我们更要承认错误并向孩子道歉。事实上，孩子对自己的父母天生就是深情的、宽容的，因此，父母安抚并改善与孩子的关系永远不会太迟。

关心你的孩子

也就是说，我们要从根本上参与到孩子的教育中来，即与孩子建立纽带，以便能够向他传递价值观念。同时让孩子自己发展并表现个性与品质，直到他能够离开我们独立生活。

深入参与孩子的教育。

让孩子成为我们优先考虑的对象，而不是被我们利用的借口。事实上，我们给孩子的关心在很大程度上会决定他将来成为什么样的人。孩子得到的爱与关注越多，他就会成长得越健康；我们对孩子的照顾越少，孩子在成长过程中出现的问题就越多，感受到的痛苦也越多，甚至这些都会伴随他到成年。

向孩子证明我们对他的付出，比如我们在他身上投入时间，以让他感受到他在我们眼中的重要地位。但是，只有当我们规律性地不断投入时间，孩子才能识别出我们为他付出的时间。反之，如果我们不优先考虑孩子，他就无法感觉到自己的重要性。此外，当我们出现在孩子面前时，应当精神饱满。

学会与孩子在一起时获得乐趣，因为父母的快乐会让孩子感觉自己是有价值的。如果他觉得自己对父母来说是压力、疲劳或者无聊的根源，那么他就会认为自己一文不值。这意味着我们应该根据自己的喜好和能力来选择我们在孩子身边所扮演的角色，因为任务应该被分配给最有能力胜任它的人。这也意味着我们要与其他家长交流经验，在相互学习中成为优秀的家长。

关心孩子的幸福，严格筛选第三方：保姆、托管人、兴趣班老师。我们应该选择能让我们放心托付孩子的第三方，且他们能弥补我们能力的不足，例如他们应该拥有我们在体育或艺术方面所欠缺的技能。

与孩子建立纽带。

对孩子采取积极的态度，即尽可能地对孩子说类似于"我知道你能做到"这样鼓励的话，同时保护孩子免受一切负面评论。

关心孩子，不仅要关心他的身体健康或学习成绩，还要关心他来往的朋友、他的喜好，同时关注他所说的话、阅读他所谈论的书。

尽可能规律地正面回应孩子的要求以使他的愿望合理化，但不要背离我们已经制定的原则，因为我们绝不能放任孩子为所欲为。不过我们必须给出拒绝孩子的理由，因为孩子有自己的需求和愿望就指责孩子任性是无稽之谈，而认识到孩子的需求和愿望的合理性并不等同于放任孩子。

在彼此真诚的基础上建立纽带。也就是家长应该告诉孩子自己的真实想法以做到对孩子坦诚，例如承认我们想要获得清净的愿望，而不是设法使孩子相信这是为了他好。

简单明了地告诉孩子有关大人的问题和情绪，以使孩子确信他感知到的是准确的，这样他才能回到与他有关或让他真正感兴趣的事情上。我们不能什么都瞒着孩子以希望这样能保护孩子，相反，孩子会感到内疚，并觉得自己要对他所发现的父母之间的不快负责，他还会通过自己编造父母的苦衷来解释父母为何沉默，或解释为何父母的言语与他的感受不符。向孩子隐瞒我们与配偶之间的意见分歧也是不合适的，父母在意见不合时的互动能教会孩子如何去面对与自己观点不同的人，以及在必要的时候如何捍卫自己的观点。

同孩子交流他所感兴趣的任何话题，即使是那些被认为是与孩子"无关"的话题。这意味着我们得回答孩子的所有问题，同时注意使自己的回答符合孩子的年龄和情感水平。这种交流必须要能够引起观点的碰撞，使孩子在交流的过程中学会磨砺自己的论点。

通过传授必要的知识来教导孩子思考以及接触外界。这就需要我们在日常生活中一点一滴地与孩子交流，告诉他周围发生的事情的真相以及世界是如何运作的。

充当孩子的律师，为孩子在与同龄人、学校甚至我们的配偶相处过程中提供建议和辩护。事实上，孩子需要我们无条件的关爱和忠诚。这就意味着我们要在每天的生活中向他证明，不管在何种情况之下，我们都承诺会站在他的那一边，当孩子犯错时，我们不为他找寻借口，也不对他横加责难。我们也要教孩子如何依靠自己来捍卫自身利益。

传递价值观念。

从日常的事件中一点一滴地向孩子解释和传递价值观。事实上，我们有责任让世界的明天变得更好，其方法就是向孩子传递尊重他人、努力工作和奋斗的意义，以及在这个艰难的世界里生存所必需的公民责任感。但是，要想将这些价值观念传递给孩子，我们必须自己先遵守。

一旦孩子的行为构成问题，我们就必须管教孩子。通常情况下，光父母的斥责便足以扼制这类行为，因为孩子实际上非常务实，如果一个行为没有带来积极的回应，他就会放弃这个行为。但是，我们必须在孩子还很小的时候就这样做，如果他的行为放在一个青少年或成年人身上会受到斥责，那我们就不能因为他是小孩而区别对待。

下达禁令。父母必须态度明确且坚定，不允许任何例外或妥协，才能让孩子遵守禁令。禁令的制定必须以孩子的利益为基础，禁令的目的是防止孩子伤害自己或伤害他人，不管这种伤害是肉体上还是精神上。

必要时采取惩罚措施，家长在考虑如何惩罚孩子时，要提醒自己不要侮辱孩子，惩罚力度要与孩子所犯的错误成正比，以让孩子知道自己行为的后果。

选择为何而战。我们的权威仅仅只是来自于孩子对我们的信任，信任我们所具备的技能、智慧、知识和经验，所以权威是非常宝贵的资本，父母最好慎重使用自己的权威，不要浪费在次要的话题上。

让孩子自己发展个性和品质。

关注孩子的情绪和感受，教孩子遵循并重视自己的情绪和感受，因为孩子的欲望给予了他生命的活力，孩子的情绪和感受塑造了对他的身心平衡和辨别力大有裨益的内心晴雨表。

放弃取悦孩子，不要认为让孩子幸福，给孩子灌输自信是我们的义务。因为我们虚假的鼓励会被无情的外部世界拆穿，从而令孩子困扰，比起从中获得自信，孩子更可能变得妄自尊大。所以我们的角色应该仅限于陪伴孩子，无论孩子是处于顺境还是逆境，以使他独自克服困难。

让孩子自己解决问题并为自己的行为承担后果。也就是说，让孩子明白他才是自己未来的创造者，因此他一切言行所产生的后果都是他自己要面对的问题。

接受让孩子受苦受难，这比我们去帮他弥补错误更考验人，也更有教育意义。

避免以出于好心的名义或我们有足够的经验为由来影响孩子的选择。虽然我们有关孩子的想法看起来既明智又合理，但我们的想法依然不能代替孩子的真实想法，所以它们不可能适合孩子。父母必须让孩子自己寻找属于他的道路，这需要孩子有意识地努力摆脱他被塑造的形象以及他被要求获得的成功，并主动承担自己的错误。

对孩子严格要求。我们的确有责任为孩子的雄心壮志提供帮助，并帮助他获得成功。但是，我们向孩子表达我们对他抱有的合理期望的唯一方法，就是要求他为自己感到骄傲，而不是干涉他的生活和决定。

一旦孩子实现了独立而不再需要父母了，我们应该为此感到高兴，但我们依然可以在不影响孩子的成年生活的前提下守护他。

父母不要做什么

父母不应该做的事

不与孩子建立纽带。

孩子是在与父母的交流中成长起来的，因此，我们对孩子肩负有巨大责任。

为了自己的爱情、社交或文化生活而放弃对孩子的教育。

由于我们不愿做出牺牲，所以我们表现得就好像我们不曾生过孩子一样。不幸的是，被我们养育的孩子表现得也像没有父母的样子，也就是说，我们让他成了痛苦的、有犯罪或自残倾向的孩子。我们的忽视会对孩子造成严重的后果，相当于是在告诉孩子，他不值得我们的关注。这种伴随着强烈内疚感的自我轻视将伴随着孩子的一生，因为他确信自己不得不把事情搞砸，或者表现出无能的样子，或者成为一个应受谴责的人，好让父母放弃他。如果还需要一个别的理由来证明父母应该深入参与孩子的教育，那就是我们在孩子小的时候照顾他，才能在孩子成年后少操点心。这比起道德意义上的理由更为务实：教育孩子成了一种理性的投资，而且我们在抚养孩子的过程中，所需付出的努力呈递减趋势。

对刚出生的孩子，我们要花 80% 的精力去照顾它；而照顾 3 岁的孩子，我们要花 60% 的精力；当孩子长到 12 岁时，我们要花 40% 的精力；孩子满 17 岁，我们只要花 10% 的精力。但如果我们在子女还小的时候没有付出过这样的努力，等到他们长到 20 岁，我们就得为此付出代价。孩子会在学业上失败，会暴食或厌食，甚至会犯罪，而处理这些问题将占用我们 3000% 的精力。

为我们的缺席找各种理由。

4 岁以下的孩子不具备社交能力。所以，在孩子成长到可以从社交中获益的年纪之前，让他独自与外界接触并没有什么好处，除非我们是迫于自己工作太忙的原因。为了使孩子获得社交能力，我们必须加倍关注孩子，而不是强迫孩子独自去接触外界。因为一旦当孩子觉得自己能够独自接触外界时，他会义无反顾地这么做。事实上，孩子越早被推向社交场合，他可能越晚才能融入社会。

以孩子的自主权为借口。

真正的独立自主是孩子自己要求获得的独立自主，尤其当他处在青春期的时候。虽然孩子要求独立自主是正当的行为，但父母却会为此感到害怕，因为这不可避免会令我们陷入焦虑的折磨之中。然而，当孩子还小时，我们就借口是为了让孩子独立起来而把他委托给别人，而这种独立毫无意义。

以教育为借口。

事实上，当我们在给孩子报各种兴趣班时，我们应该扪心自问，我们关心的是自己的利益还是孩子的利益。例如我们是想确保教育者的素质可以使孩子接受到更好的教育，还是想让自己有更多一点的个人时间。照顾孩子绝不是过度占用孩子的时间。当我们盲目给孩子报兴趣班时，其实是在给孩子创造需求，过度占用孩子的时间。

不考虑孩子的幸福和利益，而是将我们对待孩子的方式看作对我们自己童年的有力反击。

我们的行为很可能是不恰当甚至是有害的，这引发了我们内心的愧疚感，继而导致我们继续以自我为中心，继续不去关心孩子。

抱怨自己的孩子。

首先，孩子会对我们的烦恼感到内疚，使他总觉得自己是个有害的人。其次，我们应该质疑我们对待孩子的行为，而不是去批评孩子。事实上，孩子的态度始终来自我们的态度，因为他会模仿我们的行为，或者他会根据我们对他的态度做出反应。

抱怨孩子占用了我们的时间，使我们没有属于自己的时间。

首先，生活本身就需要时间；其次，我们为我们爱的人所做的一切，不管是我们的孩子、配偶，还是朋友，也是在为我们自己付出时间，因为是他们才构成了我们的幸福之源，而且是我们选择了他们。最后，至少我们不能否认生孩子是我们主动的选择。

以孩子作为纵容自己行为的借口。

比如责骂配偶、停止工作，或继续一段濒死的婚姻，而且我们还认为自己的这些行为不是有意的。

对孩子纵容，这与仁慈或温柔无关。

因为纵容等于是在剥夺孩子构建自我时所必需的界限，从而造成孩子的焦虑和被抛弃感，使他走向犯罪或自我伤害的道路。因此，我们非常有必要谴责行为不端、没有教养、自命不凡、冷酷无情，或对他人缺乏关心和尊重的孩子。

从不质疑自己。

我们的反应在我们自己看来往往是合情合理的，尤其当我们的反应是在无意识地模仿我们父母的行为，而不是考虑孩子的利益时。因此，我们必须不断反省自己的行为是否有效、积极且符合我们的教育目标，即向自己提问"我的行为是对我有益，还是对我的孩子有益？"

父母不要做得太多

视孩子为我们生活的唯一重心，以至于我们忽略了自己的情感生活、工作生活和文化生活。

这会使孩子因为要对我们的幸福负责而备感沉重和焦虑，由于我们对孩子做出了许多牺牲，孩子会自认为他是导致我们沮丧的原因，这将给他带来灾难性的后果。

想成为完美的家长。

首先，对孩子来说，如果父母太过完美，他会被压得喘不过气来。如果我们是完美的，我们的孩子将永远离不开我们。其次，犯错给了我们承认错误的机会，这也是在教孩子如何做到诚实。

想要通过干涉孩子的生活来达到控制孩子的目的。

父母与孩子保持一定的距离是必不可少的，有些时候父母仅限于在一旁支持孩子。要求孩子符合我们为他塑造的形象很可能会打乱孩子的节奏或者泯灭他的个性。这不仅仅会让孩子放弃自己的人格，还会让孩子感觉到父母不关心他内心的真实想法，父母给他塑造的形象让他除了服从之外别无选择，因为如果他不这样做的话，他就会在父母眼中失去价值。

对孩子专制。

专制与权威毫无关系，且专制在教育层面上会适得其反。事实上，专制更像是一种会对孩子产生灾难性影响的规训手段。如果孩子总是服从父母的命令，那么长此以往，孩子也会服从于父母眼中他的形象，这很可能导致孩子变成父母最怕他变成的人，或做出父母最怕他做出的事情。专制还会诱发谎言和刻意隐瞒，因为专制改变了孩子的重心，使孩子总是根据大人的"胡萝卜加大棒"策略来行事，而不是学会相信自己的判断和感觉，而这些才应该成为孩子内心的晴雨表。更不用说那些什么也不付出的父母，以及把孩子宠坏，扼杀了孩子欲望的父母。

屈服于年轻主义，并希望与自己的孩子成为朋友。

实际上，这也属于对孩子的支配，因为我们强迫与孩子建立某种默契，但孩子并不想要这种默契。我们窃取了他作为一个青少年想要变得与众不同的权力，我们阻碍了他想要长大成人的自我解放。所以这种看似无害甚至友好的关系，会推动青少年在未来与父母那一代人划清界限，而做出比他父母曾做过的更加叛逆的事。

在孩子面前表现出焦虑。

例如大喊："小心，你会摔倒的！"或者"我怕你在考试中失败"，这实际上是在给孩子下达摔倒或者考砸的命令，因为孩子除了感知这些话的字面意思，还能感受到父母的情绪。所以，我们反而要尽量默默消除自己的焦虑，尽管焦虑不可避免，但将其外露的确对孩子有害。何况我们为了将焦虑合理化，往往会侵犯孩子的生活，而我们恰恰应当放弃对自己孩子的控制，以使他获得自主权。

急于满足孩子的需要。

这会让孩子感到焦虑，因为他认为自己对父母来说一定非常脆弱或无能，以至于无法忍受一点半点的挫折。然而，一点挫折对孩子的成长大有裨益，让孩子明白他不会总能得到他想要的一切，至少不是马上就能得到。

替孩子包办一切。

孩子从克服困难的过程中所收获的益处，父母应该看到并尽早停止为了帮孩子消除困难或避开困难而介入他的生活。此外，我们的一手包办也是在告诉孩子，他被他的父母视为无能之人。

把孩子宠坏。

比如给孩子过多的礼物以满足我们自己的施与乐趣，我们表面上的慷慨大方却是在扼杀孩子的欲望，进而剥夺孩子生活的动力。当礼物成为一种奖赏的时候，孩子会为了得到它而开始奋斗，这使他有机会克服万难从而获得成功。因此，礼物带来的快乐因孩子实现了自我超越而倍增。

忽视孩子的感受和情绪。

这相当于是在扰乱和否认孩子的感受和情绪，从而剥夺对他身心平衡和辨别能力至关重要的晴雨表。当我们不愿意回应孩子的欲望时，我们就会以孩子太过任性，孩子的欲望不合理为借口。我们还会以营养为借口而不考虑孩子对食物的实际感受，或以勇气为借口而无视孩子的恐惧和痛苦，又或者以政治正确的世界观为借口而禁止孩子对他人怀有敌意。

想要在孩子身上灌输快乐和自信，并以为只要我们付出足够的关爱与仁慈，孩子自然就会变得快乐且自信。

然而我们假意的鼓励非但不会让孩子有安全感，反而会让他在自卑感与优越感之间摇摆，最后变成自负的人。因此，我们的角色应该仅限于让自己变为帮助孩子克服困难的跳板，这样才能给孩子带来真正的快乐与自信。

干涉孩子与兄弟姐妹之间的关系。

这很可能会引起他们的嫉妒心，嫉妒心既不是无意中产生的，也并非不可避免。事实上，与我们经常听到的相反的是，父母必须尽可能少地干涉孩子之间的关系。

认为我们必须掌控孩子的成长，何时授予孩子自主权也要由我们来决定。

自主权是孩子的一个基本愿望，所以父母必须在教育过程中对此做出积极回应，也就是让孩子自己决定何时以及如何要求获得自主权。而且，父母只需陪伴在孩子身边，从一开始的亲自陪伴到后来的象征性陪伴，以让孩子安心地实现自我独立。所以，我们必须给予青春期的孩子他想要的自主权，因为孩子的青春期危机往往比我们家长的危机要小得多，因为孩子有权实现自我解放，而我们却难以放弃对孩子的控制权。若我们不给予孩子自主权，我们将承担更大的风险，其后果将是永久性的。

影响孩子的选择。

事实上，要由孩子来"塑造"他的父母，而不是反过来。我们不应控制他的生活，因为我们可能是在用不恰当的理由告诉孩子"做这个，做那个"以让他符合我们的期待，但我们却忽略了这么做也是在小看他，忽略了我们的错误判断会给孩子带来的严重后果。

后 记

当我对本书进行最后的修改时，我才问自己，我写的是一本什么样的书。是一本论文，还是一本实用指南？

可能两者皆有。因为这是一本扎根于具体实例的书，它不像大多数教育类书籍那样是为了提醒父母孩子的需求，而是为了解决父母在教育方面遇到的深层次心理难题。

我在书中讲述了我为克服自己在当母亲时的苦恼而反复摸索最终形成的教育哲学。其实，我属于糟糕的那部分家长，因为尽管我有决心并且也坚信自己做了优秀的母亲应当做的事，但是我很快就失望地发现，我做的与我想做的截然相反。我没能控制住对孩子发脾气，跟孩子们在一起时我既感到迷失又无能为力。我感到气馁，我认定成功的教育是不可能做到的，我渐渐开始听天由命。我曾对自己说"我一无是处，但我不在乎"，我装出一副看似毫不在乎的冷漠，但这与我的感受完全不符。我还将自己的行为跟身边的家长进行比较，然后陷入自责。总之，我被自己困住了，以至于我无法真正关心我的孩子，并与他们建立良好的关系。

直到后来，我意识到我必须有所改变，我必须搞懂自己，我必须给自己提供我在教育方面所缺乏的参考依据。在本书的写作中，我与他人交流，向心理专家咨询并阅读相关书籍，力求解释家长们的糟糕行为，阐述教育孩子的秘诀。

这也是为什么我在执行了这项大胆计划后，除了获得了满足感，还有一种完成使命的感觉。我一心想与其他父母分享我的思考——用这本以父母和父母的困惑为中心，为父母量身定制的书。这是一本由一位家长写给其他家长的书，专门写给那些像我一样觉得自己办了坏事，怀疑自我能力的家长。它旨在让这些家长恢复所有他们本该为孩子服务，却经常在焦虑和愧疚中失去的能量，让他们也发现我所发现的道理——不需要成为完美的家长才能教育孩子，不完美的父母完全有可能与孩子建立幸福又互相尊重的关系。

我希望这本书对你有用，希望它能帮你成为拥有良好的亲子关系和幸福家庭的父母。